Die Abschätzung des Wertes industrieller Unternehmungen

Von

Dr. Felix Moral
Zivilingenieur und beeidigter Sachverständiger

Zweite
verbesserte und vermehrte Auflage

Berlin
Verlag von Julius Springer
1923

Vorwort zur zweiten Auflage.

Den dankenswerten Anregungen, die mir aus dem Leserkreise der ersten Auflage meines vorliegenden Buches und aus den Besprechungen derselben in der Fachpresse zugegangen sind, habe ich soweit als möglich in dieser neuen Auflage stattgegeben und auch die in der ersten Auflage enthaltenen Beispiele vermehrt,

Ich hoffe daher, daß mein Buch auch weiterhin allen sich für die Abschätzung des Wertes einer industriellen Unternehmung Interessierenden ein nützliches Handbuch sein wird.

Berlin-Friedenau, im November 1922.

Dr. Felix Moral.

Inhaltsverzeichnis.

Literaturverzeichnis.

Ausschuß für wirtschaftliche Fertigung im Verein deutscher Ingenieure. Grundplan der Selbstkostenberechnung, 2. Ausgabe. Berlin 1921.

— Richtige Selbstkostenberechnung als Grundlage der Wirtschaftlichkeit industrieller Unternehmungen und als Mittel zur Besserung der Wettbewerbsverhältnisse. Berlin 1921.

Barth, Fr., Die zweckmäßigste Betriebskraft, 2. Auflage. Leipzig 1910.

— Die Wahl einer Betriebskraft (in Zeitschrift d. Ver. deutsch. Ing., Berlin, Bd. 56, 1912).

Blum, Richard, Die Gesamtorganisation der Berlin-Anhaltischen Maschinenbau-A.-G. (in Technik u. Wirtschaft, Berlin, Heft 3 u. 4, Jahrg. 1911).

Calmes, Albert, Der Fabrikbetrieb, 4. Auflage. Leipzig 1916.

Fischer, Rudolf, Die Bilanzwerte, was sie sind und was sie nicht sind. Leipzig, 1. Teil 1905, 2. Teil 1908.

Franz, W., Techniker als höhere Verwaltungsbeamte (in Technik u. Wirtschaft, Berlin, Heft 3, 7. Jahrg. 1914).

Goedecke, C. H., Sachwert und Ertragswert von Werken mit Betriebsnetzen. München 1917.

Gottl-Ottlilienfeld, Friedrich v., Der wirtschaftliche Charakter der technischen Arbeit. Berlin 1910.

Haeder, H., Kalkulieren der Maschinen und Maschinenteile, 2. Auflage. Wiesbaden 1912.

Hall, Herbert W., Selbstkostenberechnung und moderne Organisation von Maschinenfabriken, 2. Auflage. München und Berlin 1920.

Haushofer, M., Der Industriebetrieb, 2. Auflage. München 1904.

Heinemann, Bruno, Sozialisierung, ihre Möglichkeiten und Grenzen. Berlin 1919.

Herkner, Heinrich, Die Arbeiterfrage, 6. Auflage. Berlin 1916.

Herzog, G., Industrielle Begutachtungen. Stuttgart 1912.

Kent, William, Warum arbeitet die Fabrik mit Verlust? Mit einer Einleitung von Henry L. Gantt, übersetzt und bearbeitet von Karl Italiener. Berlin 1921.

Klemann, Friedrich, Systematische Selbstkostenberechnung. Leipzig 1921. (Gloeckners Handels-Bücherei.)

Kovero, I., Die Bewertung der Vermögensgegenstände in den Jahresbilanzen der privaten Unternehmungen. Berlin 1912.

Leitner, Friedrich, Die Selbstkostenberechnung industrieller Betriebe, 7. Auflage. Frankfurt a. M. 1921.

— Privatwirtschaftslehre der Unternehmung. Berlin und Leipzig 1919.

Lewin, C. M., Theorie und Praxis der industriellen Selbstkostenberechnung. Leipzig 1909.

— Die Inventarisierung von Industrie- und Gewerbebetrieben, 2. Auflage. Berlin 1912. (Selbstverlag.)

Liefmann, R., Die Unternehmungsformen, 2. Auflage. Stuttgart 1921.

— Grundlagen einer ökonomischen Produktivitätstheorie (Jahrbücher f. Nationalökonomie und Statistik, Jena, 3. Folge, Band 43).

Lilienthal. J., Mit Vorwort von Schlesinger, G., Fabrikorganisation, Fabrikbuchführung und Selbstkostenberechnung der Firma Ludw. Loewe & Co., Aktiengesellschaft in Berlin, 2. Auflage. Berlin 1914.

Macco, Verstaatlichung der Industrie (in Technik und Wirtschaft, Berlin, Heft 3, 12. Jahrgang 1919).

Meltzer, Hch., Das Wirtschaften auf Ertrag in der industriellen Unternehmung. Berlin 1911.

Moral, Felix, Die Taxation maschineller Anlagen, 3. Auflage. Berlin 1922.

— Revision und Reorganisation industrieller Betriebe. Berlin 1911.

— Aktienkapital und Aktienemissionskurs bei industriellen Unternehmungen (Heft 176 der Staats- und sozialwissenschaftlichen Forschungen, von Schmoller und Sering, München und Leipzig 1914).

Pantzer, R., und *Galke, R.*, Leitfaden für den Ziegeleimaschinenbetrieb. München und Berlin 1910.

Passow, Richard, Die Bilanzen der privaten und öffentlichen Unternehmungen, 3. Auflage. Leipzig und Berlin 1921.

Peiseler, Gottlieb, Zeitgemäße Betriebswirtschaft. Leipzig und Berlin 1921.

Philippovich, Eugen v., Grundriß der politischen Ökonomie. Tübingen, 1. Band, 13. Auflage 1919, 2. Band, erster Teil, 9. Auflage 1919, zweiter Teil, 7. Auflage 1919.

Prion, W., Die Preisbildung an der Wertpapierbörse. Leipzig 1910.

Rehm, Hermann, Die Bilanzen der Aktiengesellschaften und Gesellschaften mit beschränkter Haftung usw. München, 2. Auflage 1914.

— Allgemeine Bewertungslehre (Zeitschrift für Handelswissenschaft und Handelspraxis. Leipzig, 2. Jahrgang, 1909).

Roscher, Wilhelm, System der Volkswirtschaft, Band 1 der Grundlagen der Nationalökonomie, 25. Auflage. Stuttgart und Berlin 1918.

Shiff, Emil, Die Wertminderungen an Betriebsanlagen in wirtschaftlicher, rechtlicher und rechnerischer Beziehung. Berlin, 3. Neudruck 1920.

Schlesinger, Georg, Selbstkostenberechnung im Maschinenbau. Berlin 1911.

Schmalenbach, E., Die Werte von Anlagen und Unternehmungen in der Schätzungstechnik (Zeitschrift für Handelswissenschaftliche Forschung, Leipzig, 12. Jahrgang 1918).

Schmoller, Gustav v., Grundriß der allgemeinen Volkswirtschaftslehre. Leipzig, 1. Teil 1908, 2. Teil 1904.

Schulz-Mehrin, Sozialisierung, Planwirtschaft oder sozial-organische Ausgestaltung der Produktion? 2. Auflage. Berlin 1919. (Ausschuß für wirtschaftliche Fertigung im Verein deutscher Ingenieure.)

Sombart, Werner, Gewerbewesen. Leipzig 1904.

— Die gewerbliche Arbeiterfrage. Berlin und Leipzig 1912.

Stern, Robert, Die kaufmännische Organisation im Fabrikbetriebe. Leipzig 1911.

Taylor, Fred., W. und *A. Wallichs,* Die Betriebsleitung insbesondere der Werkstätten, 3. Auflage. Berlin 1914.

Taylor, Frederick Winslow, deutsch von Rudolf Roesler, Die Grundsätze wissenschaftlicher Betriebsführung. München und Berlin 1913.

Utz, Ludwig, Moderne Fabrikanlagen. Leipzig 1907.

Wagner, Adolf, Theoretische Sozialökonomik oder allgemeine und theoretische Volkswirtschaftslehre. Leipzig, 1. Abteilung 1907, 2. Abteilung 1909.

Wattmann, Sachwerte von Betriebsanlagen und ihre Schätzung. (Elektrische Kraftbetriebe und Bahnen, München 1912, Heft 25.)

Weber, Alfred, Über den Standort der Industrien, 1. Teil. Tübingen 1909.

Wolf, Julius, Die Volkswirtschaft der Gegenwart und Zukunft. Leipzig 1912.

Zwiedineck, Otto v., Kritisches und Positives zur Preislehre (Zeitschrift für die gesamte Staatswissenschaft, 65. Jahrgang. Tübingen 1909).

Zwiedineck-Südenhorst, Otto v., Sozialpolitik. Leipzig und Berlin 1911.

Zeitschrift des Vereins deutscher Ingenieure, Berlin.

Technik und Wirtschaft, Monatsschrift des Vereins deutscher Ingenieure, Berlin.

I. Die kritische Beurteilung von industriellen Unternehmungen.

Einleitung.

Der Ermittelung des Wertes einer industriellen Unternehmung liegt die Aufgabe zugrunde, unter Berücksichtigung der allgemeinen Marktverhältnisse ein kritisches Urteil abzugeben über die Produktivitäts- und Rentabilitätsmöglichkeit der Unternehmung und in Verbindung damit den *zeitigen Tauschwert* derselben festzustellen. Dabei ist es gleichgültig, ob es sich um eine Unternehmung handelt, die irgendein Erzeugnis fabrikmäßig herstellt, oder um eine maschinell betriebene Verkehrsunternehmung, die ihren Gewinn aus dem Transporte von Personen und Gütern zu erzielen sucht.

Die Triebfeder einer jeden industriellen Unternehmung ist das Streben nach Gewinn. Der ausschließliche Zweck der Fabrik-Unternehmung ist daher auch die Produktion eines brauchbaren Fabrikates und dessen Verkauf zu einem gewinnlassenden Preise auf dem allgemeinen Markte.

Bei der Verkehrsunternehmung wiederum handelt es sich darum, die Betriebskosten so niedrig als möglich zu halten, damit die Beförderungstarife niedrig bemessen werden können, so daß der Personen- und Frachtenverkehr einen möglichst großen Umfang annimmt.

Erreicht können diese Zwecke jedoch nur dann werden, wenn die Grundlagen für eine billige Produktion und für die Erzielung eines gewinnlassenden Verkaufspreises bzw. für einen umfangreichen Personen- und Güterverkehr vorhanden sind.

Bei allen industriellen Unternehmungen kommt nun eine Reihe wirtschaftlicher Probleme in Betracht, welche für eine jede einzelne Unternehmung individuell gegeneinander gewertet und richtig gelöst werden müssen, damit ein möglichst hoher Gewinn aus der Unternehmung erwirtschaftet werden kann.

In erster Linie handelt es sich hierbei um das *Standortsproblem* der industriellen Unternehmung. Von dem Standorte sind sowohl die Kosten der Produktion als auch die Höhe der Verkaufspreise und die Größe des Verkehrs wesentlich abhängig.

Hier folgend sollen vornehmlich die Fabrikunternehmungen besprochen werden. Die sinngemäße Anwendung der einzelnen sich hierbei ergebenden Grundsätze ist auch für Verkehrsunternehmungen zutreffend. Alles, was bei der Fabrikunternehmung die Produktion hemmt oder fördert, hemmt oder fördert sinngemäß auch den Verkehr bei der Verkehrsunternehmung.

Die Produktionskosten werden erhöht, wenn die Heranschaffung der Rohstoffe und sonstigen Fabrikationsmittel teuere Transporte verursacht. Aus demselben Grunde erhöhen sich die Verkaufspreise der Fabrikate mit der wachsenden Entfernung von ihrem Herstellungsorte. Gleichfalls ist der Standort der Unternehmung von Einfluß auf die Beschaffung der ausreichenden Anzahl von Arbeitskräften, auf die Bemessung der Arbeitslöhne, auf die Kosten für die benötigte Betriebskraft und auf die Höhe der zu zahlenden öffentlichen Abgaben. Auch ist von dem Standorte der Unternehmung die Leichtigkeit des Verkehrs mit den Konsumenten wesentlich abhängig.

Ein weiteres Problem für eine jede industrielle Unternehmung ist die richtige *Ausgestaltung ihrer Betriebsanlagen.* Dieselben müssen vollständig, zweckmäßig, richtig angeordnet und in gutem, brauchbarem Zustande sein, da sie andernfalls die Produktionskosten über das natürliche Maß hinaus erhöhen.

Vollständig sind die Betriebsanlagen, wenn mit ihnen alle Arbeiten zur Herstellung des Fabrikates ausgeführt werden können, so daß es nicht notwendig ist, einzelne Teile desselben von anderen industriellen Unternehmungen hinzuzukaufen, was stets die Produktion verteuert.

Zweckmäßig sind die Betriebsanlagen, wenn sie den Verhältnissen an dem Standorte der Unternehmung und den Produktionsmethoden derart angepaßt sind, daß die unbedingt notwendigen Kosten der Produktion durch sie nicht erhöht werden.

Die *richtige Anordnung* der Betriebsanlagen bedingt, daß das Rohmaterial auf seinem Wege zur Umwandlung in das Fabrikat keinerlei Hin- und Hertransporte innerhalb der Betriebsanlagen erfordert, sondern den kürzesten Weg von Station zu Station des

Fabrikationsganges zurücklegt. Jeder unnötige Transport erhöht die Produktionskosten.

Auch dürfen keine Unstimmigkeiten zwischen den einzelnen Teilen der Betriebsanlagen vorhanden sein. Die Wirtschaftlichkeit der gesamten Betriebsanlagen wird durch derartige Unstimmigkeiten herabgesetzt, weil die produktive Leistung der Unternehmung nicht größer ist als der schwächste Teil der Betriebsanlagen zu leisten vermag.

Die Beschaffung der benötigten Arbeitskräfte, ihre richtige Auswahl sowie die richtige Arbeitsteilung und Arbeitsvereinigung bilden ferner das *Arbeiter- und Lohnproblem* der industriellen Unternehmung.

Die benötigte Anzahl der Arbeitskräfte wird bedingt durch die Größe der Betriebsanlagen, die Produktionsmethoden und die Organisation des technischen Betriebes. Eine zu große Anzahl von Arbeitskräften verteuert ebenso wie eine zu kleine Anzahl die Produktion.

Ferner ist von der geschickten Verteilung der Arbeitskräfte die Quantität der Produktion und von der richtigen Auswahl der Arbeitskräfte die Qualität der Produktion abhängig.

Aus der richtigen Vereinigung aller Arbeitskräfte bei der Produktion ergibt sich wiederum die höchste produktive Leistung der industriellen Unternehmung bei gleichzeitig niedrigstmöglicher Lohnsumme.

Das Problem der größtmöglichen *Rentabilität* der industriellen Unternehmung bedingt die Anpassung ihrer produktiven Leistung an den Bedarf des Marktes und eine den Verhältnissen des Marktes entsprechende Verwendung ihrer Verkaufsmittel.

Für die Erhöhung der Rentabilität der industriellen Unternehmung sind sowohl die Verfeinerung der Produktionsmethoden als auch besonders die Spezialisierung ihrer Produktion von Vorteil, da durch dieselben eine Verbesserung der Qualität des Fabrikates und eine Herabminderung der Produktionskosten erreicht werden. Dagegen steigert eine jede Erhöhung der Produktion, welche eine Erweiterung der Betriebsanlagen bedingt, auch die Produktionskosten, ohne gleichzeitig die Qualität des Fabrikates zu verbessern.

Für die Rentabilität der Unternehmung ist ferner der Verkaufspreis des Fabrikates von Bedeutung.

Um zu wissen, bis zu welcher niedrigsten Grenze der Verkaufspreis des Fabrikates herabgesetzt werden kann, ohne einen Verlust zu erleiden, bedarf eine jede industrielle Unternehmung einer genauen *Kalkulation ihrer Selbstkosten.* Diese setzen sich zusammen aus den Produktionskosten und den Verkaufskosten sowie aus außergewöhnlichen Kosten.

Die Produktionskosten umfassen alle Aufwendungen für die *Herstellung* des Fabrikates, d. h. für die Beschaffung des Rohmaterials und der Betriebsmittel für die Fabrikation, sowie für die Umwandlung des Rohmaterials in das Fabrikat.

Zu den Verkaufskosten gehören alle Aufwendungen für den *Verkauf* des Fabrikates, d. h. für das Aufsuchen der Verkaufsgelegenheit und den Abschluß der Lieferung, sowie für die Ablieferung des Fabrikates in einem guten Zustande an den Käufer und für die Abwickelung des Lieferungsgeschäftes.

Außergewöhnliche Kosten sind diejenigen Kosten, welche den Marktwert des Fabrikates nicht erhöhen und daher von der industriellen Unternehmung als *Verlust* getragen werden müssen, z. B. die Wertverminderung des Fabrikates durch zu langes Lagern vor dem Verkauf, die aufgewendeten Kosten für unbrauchbare Ausschußarbeit usw.

Der Verkaufspreis des Fabrikates setzt sich also zusammen aus dem Werte des Materials, welches für seine Herstellung verbraucht wurde, aus den für seine Herstellung gezahlten Arbeitslöhnen, aus dem Werte der für seine Herstellung verbrauchten Arbeitsmittel (Werkzeuge, Abnutzung der Maschinen usw.), aus den anteiligen Kosten der Betriebskraft, Herhaltung der Fabrikräume, Herstellung der Modelle, Konstruktionszeichnungen, technischen Betriebsleitung usw., aus den anteiligen allgemeinen Verwaltungs- und Verkaufskosten und aus dem Unternehmergewinn.

Die Beschaffung des benötigten *Rohmaterials* ist ein weiteres wichtiges Problem für eine jede industrielle Unternehmung. Die Qualität des Rohmaterials muß den Ansprüchen entsprechen, welche an die Qualität des Fabrikates gestellt werden. Das Rohmaterial muß ferner unter Berücksichtigung der Marktverhältnisse billig und in ausreichender Quantität dauernd zu beschaffen sein.

Unwirtschaftlich ist es, ein minderwertiges Fabrikat aus einem besseren und mithin auch teureren Rohmaterial herzustellen. Da auf dem allgemeinen Markte stets Nachfrage nach verschiedenen

Qualitäten des Fabrikates ist, können auch die verschiedenen Qualitäten des Rohmaterials entsprechende Verwendung finden.

Die Abschätzung des Wertes einer industriellen Unternehmung umfaßt die Gesamtheit der Unternehmung, also ihre gesamte Wirtschaft.

Als eine industrielle Unternehmung ist im engeren Sinne ein jeder Fabrikbetrieb anzusehen, welcher die Verarbeitung von Rohstoffen und Halbfabrikaten mit Hilfe von Maschinen und unter Anwendung der Arbeitsteilung für den Verkauf auf dem allgemeinen Markte betreibt. Im weiteren Sinne wird man auch andere Unternehmungen, z. B. Gaswerke oder Elektrizitätswerke, welche Gas oder elektrische Energie erzeugen und diese an die Konsumenten verkaufen, zu den industriellen Unternehmungen rechnen können.

Ferner auch alle maschinell betriebenen Verkehrsunternehmungen, wie Kleinbahnen, elektrische Straßenbahnen usw., die ihre Beförderungsmittel der Allgemeinheit gegen Entgelt zur Verfügung stellen.

So vielgestaltet nun eine industrielle Unternehmung in ihrem Innern sein mag, so weitverzweigt die Beziehungen sich erstrecken mögen, welche sie zu der Außenwelt unterhält, und so schwierig es aus diesem Grunde auch erscheinen mag, einen klaren Überblick über ihren gesamten wirtschaftlichen Betrieb zu gewinnen und gleichzeitig die verbesserungsfähigen oder verbesserungsbedürftigen Punkte in ihrer Wirtschaft herauszufinden, so einfach ist dennoch der Weg hierzu, wenn man den Aufbau einer jeden industriellen Unternehmung systematisch verfolgt.

Die Grundbegriffe einer jeden industriellen Wirtschaft sind *Produktion* und *Verkauf*.

Um die Produktion und den Verkauf miteinander zu verbinden und gewinnreich zu gestalten, tritt als dritter Grundbegriff die *Verwaltung* hinzu[1]).

---

[1]) Diese Dreiteilung in Produktion, Verkauf und Verwaltung, bei welcher also die „Verwaltung" nicht nur als ein Teil der kaufmännischen Tätigkeit, sondern als ein zu dieser noch hinzukommendes Besonderes angesehen wird, findet sich auch in der allgemeinen nationalökonomischen Literatur vertreten.

So sagt *Wolf, Julius*, Die Volkswirtschaft der Gegenwart und Zukunft, Leipzig 1912, S. 62 u. ff.:

„Die Aufgaben des Unternehmers scheiden sich danach als 1. kaufmännische, 2. technische, wobei die kaufmännischen, als die den anderen wirtschaftlich übergeordneten, in der Regel als die spezifischen Aufgaben des Unternehmers gelten,

Die *Verwaltung* ist der Mittelpunkt einer jeden industriellen Unternehmung, von welchem aus die gesamte wirtschaftliche Tätigkeit der Unternehmung geleitet wird. Sie umfaßt daher die Geschäftsführung und die Vertretung der Unternehmung nach außen.

Die Verwaltung gibt die Richtlinien für die Produktion und den Verkauf, bestimmt die Verkaufspreise der Fabrikate, verwaltet das Vermögen der Gesellschaft und „organisiert" die Gesamtwirtschaft der Unternehmung.

Die „Organisation" dient dem Prinzip der Wirtschaftlichkeit, d. h. dem Streben, mit den vorhandenen Mitteln unter möglichst geringem Kostenaufwand die größtmögliche Produktion zu erzielen und die Produktion so rasch als möglich und zu so hohen Preisen als möglich zu verkaufen. Sie stellt einen jeden in der Unternehmung Tätigen an seinen Platz und erteilt ihm seine Instruktion zwecks bester Ausnutzung seiner Arbeitsfähigkeit für die Unternehmung. Je differenzierter die Gesamtorganisation ist, um so vorteilhafter greifen die einzelnen Funktionen der wirtschaftlichen Tätigkeit ineinander. Die erste Differenzierung in der Gesamtorganisation bildet mithin die Teilung der wirtschaftlichen Tätigkeit der Unternehmung in einen *technischen Betrieb* für die Produktion und einen *kaufmännischen Betrieb* für den Außenverkehr.

Die Organisation des technischen Betriebes hat die Aufgabe, die vorhandenen Betriebsanlagen sowie die Leistungsfähigkeit der Arbeiterschaft auf ihre Höchstgrenze zu bringen und die Produktionsmethoden so ergiebig als möglich auszugestalten, um hierdurch *so billig als möglich zu produzieren*.

Zur Erreichung dieses Zieles unterstehen dem *technischen Betriebe* die sämtlichen Betriebsanlagen mit ihren maschinellen Einrichtungen und sonstigen Betriebsmitteln, die Vorräte an Rohmaterialien und Betriebsmaterialien, das technische Personal und die Arbeiterschaft.

---

die Wahrnehmung der technischen dagegen leichter Dritten übertragen oder von deren Urteil abhängig gemacht werden kann, 3. als psychologische im Hinblick auf Markt und Menschen, mit denen der Unternehmer in Beziehung tritt."

Auch die in der neueren Zeit stark hervortretenden Bestrebungen, dem „Verwaltungsingenieur" mehr als es bisher üblich ist die Bahn für selbständige leitende Tätigkeit in der Verwaltung öffentlicher Gemeinden frei zu machen, kennzeichnen die Trennung der „verwaltenden" von der „kaufmännischen" Tätigkeit.

Siehe hierüber auch *Franz, W.*, Techniker als höhere Verwaltungsbeamte (in Technik und Wirtschaft, 7. Jahrgang, 3. Heft, 1914).

Die Organisation des kaufmännischen Betriebes hat die Aufgabe, einerseits alle benötigten Rohmaterialien, Betriebsmaterialien und sonstigen Betriebsmittel so billig als möglich einzukaufen und andererseits die Fabrikate so schnell und so teuer als möglich zu verkaufen, um hierdurch einen möglichst großen Umsatz zu erzielen und *einen möglichst hohen Gewinn* aus der Unternehmung zu erwirtschaften.

Dem kaufmännischen Betriebe unterstehen daher die Einkaufs- und die Verkaufsmittel und im besonderen die Lagerräume mit den Fertigfabrikaten, die Verkaufsmagazine und Agenturen, die Vertreter und Reisenden sowie das für den Einkauf und den Verkauf bestimmte kaufmännische Personal.

Aber *sowohl bei der Produktion als auch bei dem Verkauf* ist eine jede industrielle Unternehmung an natürliche Grenzen gebunden, welche sie willkürlich nicht zu überschreiten vermag. Diese Grenzen sind nur dann bis zu einem gewissen Grade weiter ausdehnbar, wenn eine Unternehmung über Monopole irgendwelcher Art verfügt, welche sie in den Stand setzen, die Produktion anderer konkurrierender Unternehmungen zu hindern und für ihre eigenen Fabrikate Monopolpreise zu fordern.

Die *Grenzen der billigen Produktion* werden einer jeden industriellen Unternehmung gezogen einmal durch ihren Standort, von welchem die Kosten ihrer Rohmaterialien und Betriebsmittel abhängig sind, und dann durch die unbedingt notwendigen Betriebskosten, welche sie für Betriebskraft, Abnützung aller Betriebsanlagen, Arbeitslöhne, Abgaben usw. aufzuwenden hat.

In der *Höhe der Verkaufspreise* wird die Unternehmung begrenzt durch den Bedarf der Konsumenten an ihren Erzeugnissen und durch das Angebot, welches außer dem ihrigen in den gleichen Erzeugnissen auch seitens anderer Unternehmungen auf dem allgemeinen Markte vorliegt.

Der *Umfang der produktiven Leistung* der Unternehmung wird begrenzt durch das ihr zur Verfügung stehende Kapital, bzw. ihren Kredit, über welchen hinaus die Unternehmung ihre Produktion nicht mehr zu steigern vermag. Nur die Anwendung neuer, ergiebigerer Produktionsmethoden, welche die Herstellung der Fabrikate verbilligen, oder die Beschränkung (Spezialisierung) auf einzelne Fabrikate, läßt innerhalb der Grenzen der zur Verfügung stehenden finanziellen Mittel noch eine beschränkte Steigerung der Produktivität zu.

Möglichst billig einzukaufen und zu produzieren, die vorhandenen natürlichen Bedingungen und die Hilfsmittel der Unternehmung auf das beste auszunützen, die Arbeitsleistung der Arbeiterschaft sowie die Ausgestaltung der Betriebsanlagen zwecks Verfeinerung der Produktionsmethoden möglichst zu entwickeln, sich den Bedürfnissen der Konsumenten anzupassen und sie durch geschickte Maßnahmen zu steigern, die Fabrikate möglichst teuer zu verkaufen und gleichzeitig die Höhe der Produktion mit dem jeweilig vorhandenen Bedarfe auf dem allgemeinen Markte in Einklang zu halten, sichert der Unternehmung den größtmöglichen Gewinn.

Diese verschiedenen Aufgaben zu erfüllen und am vorteilhaftesten miteinander zu verbinden, ist das Ziel und zugleich der Kern aller Probleme der industriellen Unternehmung.

Von dem aus der Wirtschaft der industriellen Unternehmung erzielten *Reinertrag* sind zunächst die Verzinsung des in der Unternehmung arbeitenden Kapitals zum normalen, landesüblichen Zinsfuß und die Risikoprämie für den Unternehmer in Abzug zu bringen, alsdann zu einem Teile zur Erhaltung und zum weiteren Ausbau aller Betriebsmittel zu verwenden. Zu einem anderen Teile wird er bei gut verwalteten Unternehmungen als Reserve zur Deckung etwaiger zukünftiger Verluste zurückbehalten, und der Rest an den Eigentümer der Unternehmung als sein Sondergewinn abgeführt.

Im Gegensatz hierzu steht der sogenannte „Raubbau", der nur darauf ausgeht, in der Gegenwart einen möglichst hohen Gewinn aus der Unternehmung herauszuwirtschaften, ohne Rücksicht auf die dauernde Instandhaltung und Verbesserung der Betriebsanlagen zu nehmen, und ohne Vorsorge zu treffen für etwa später eintretende ungünstige Zeitläufe. Ein solcher „Raubbau" wird besonders häufig dann versteckt von einem Unternehmer betrieben, wenn er beabsichtigt, seine Unternehmung zu verkaufen und durch möglichst hohe Produktions-, Umsatz- und Gewinnziffern den Käufer blenden will, um einen höheren Verkaufspreis für seine Unternehmung zu erzielen.

Der *Wert* der Unternehmung wird nicht nur bedingt durch die Höhe des in der Unternehmung angelegten Kapitals und den Ertrag der Unternehmung, aus welchem sich dasselbe verzinst, sondern auch durch die Sicherheit, welche die Unternehmung für das in ihr angelegte Kapital bietet.

Da nun keine industrielle Unternehmung eine vollkommene Sicherheit für das in ihr angelegte Kapital gewährleistet, ist stets ein *Risiko* mit der Unternehmung verknüpft. Dasselbe muß durch eine höhere Verzinsung des Kapitals als zu dem landesüblichen Zinsfuße, welche die Einrechnung einer Risikoprämie gestattet, so weit als möglich ausgeglichen werden.

Je besser die Organisation einer industriellen Unternehmung ist, je höher ihre produktive Leistung, je gesicherter die Nachfrage nach ihrem Fabrikat auf dem allgemeinen Markte und je geordneter ihre inneren Verhältnisse sind, je größer ferner ihr Umsatz ist und je günstiger sich ihre Rentabilität stellt, um so geringer ist auch das mit ihr verbundene Risiko und um so höher der Wert der Unternehmung.

Bei der *Berechnung des Wertes*, d. h. des *Tauschwertes* der industriellen Unternehmung sind daher alle diese Verhältnisse im Hinblick auf das Risiko der Unternehmung ganz besonders zu berücksichtigen.

Für die Bemessung des Tauschwertes bei gewinnbringenden Unternehmungen ist also weder das Vermögen allein noch der Ertrag allein maßgebend. Vielmehr muß der Tauschwert der industriellen Unternehmung stets aus einer *Kombination ihres Vermögens mit ihrem Ertrage* ermittelt werden. Wollte man den Tauschwert allein nach der Größe des Vermögens bestimmen, dann würde man zu dem irrigen Resultat kommen, zwei Unternehmungen mit gleich großem Vermögen als gleichwertig anzusehen, auch wenn die eine Unternehmung gewinnbringend und die andere Unternehmung mit Verlust arbeitet.

Wollte man dagegen den Tauschwert der Unternehmung allein aus dem Ertrage errechnen, dann würde man zu dem gleichfalls irrigen Resultat gelangen, zwei Unternehmungen mit gleichgroßem Ertrage als gleichwertig anzusehen, auch wenn die eine Unternehmung außer ihrem Ertrage auch noch ein doppelt so großes Vermögen besitzt als die andere Unternehmung.

Es ist jedoch nicht möglich, für alle industriellen Unternehmungen eine Formel aufzustellen, nach welcher sich der Tauschwert einer jeden einzelnen Unternehmung ohne weiteres berechnen läßt. Der Wert einer jeden einzelnen industriellen Unternehmung ist vielmehr stets von so vielen inneren und äußeren Verhältnissen abhängig, daß man denselben in jedem einzelnen Falle individuell feststellen muß.

Dagegen richtet sich in *allen* Fällen der zu ermittelnde Tauschwert der betreffenden Unternehmung stets nach dem *zeitigen* Werte der vorhandenen Vermögensteile, unter Berücksichtigung der vorhandenen Schulden und nach der Ertragsmöglichkeit der Unternehmung in deren *zeitigem Zustande.*

Die *fachmännische* kritische Beurteilung einer industriellen Unternehmung hat ihren Ausgang von dem Lageplan der Unternehmung zu nehmen. Sie hat zunächst den Standort der Unternehmung zu prüfen in bezug auf die leichte Heranschaffung aller Rohmaterialien und Betriebsmaterialien, ferner auf die Beschaffung der benötigten Arbeitskräfte aus der nächsten Umgebung der Unternehmung, und endlich auf die leichte Abfuhr der Fabrikate zu den Konsumenten bzw. auf die Entfernung der Unternehmung zu ihrem Hauptabsatzgebiete. Alsdann muß sie die vorhandenen Betriebsanlagen auf ihre Wirtschaftlichkeit, d. h. auf ihre Zweckmäßigkeit, Vollständigkeit, richtige Anordnung und Leistungsfähigkeit untersuchen und den Fabrikationsgang sowie die angewendeten Arbeitsmethoden prüfen. Die fachmännische Untersuchung hat ferner die Arbeitsleistung der Arbeiterschaft sowie das Verhältnis dieser Arbeitsleistung zu der Leistungsfähigkeit der Betriebsanlagen zu ermitteln und festzustellen, ob die produktive Leistung der Unternehmung den vorhandenen gesamten Betriebsmitteln entspricht. Auf Grund dieser Ermittelungen muß sie alsdann eine genaue Kalkulation der reinen *Herstellungskosten* aufstellen und die Mittel und Wege angeben, welche eine Herabminderung der Herstellungskosten ermöglichen würden. Auch hat sie die Qualität der Rohmaterialien und der erzeugten Fabrikate zu untersuchen und schließlich die gesamte technische Betriebswirtschaft der Unternehmung und ihre Ergebnisse kritisch zu beurteilen.

Den Ausgangspunkt der *kaufmännischen* kritischen Beurteilung der industriellen Unternehmung bilden die bisherigen Ergebnisse der Unternehmung, welche sich aus ihren Jahresrechnungen (Bilanzen) ergeben. Die kaufmännische Untersuchung wird daher diese Jahresrechnungen an Hand der Handelsbücher der Unternehmung und gleichzeitig damit auch alle Verträge, Rechte und Verhältnisse der Unternehmung prüfen. Dadurch gewinnt sie auch den nötigen Überblick über die Art, den Umfang und die zeitige finanzielle Lage der Unternehmung. Alsdann hat sie die Einzelheiten der wirtschaftlichen Tätigkeit der Unternehmung zu revidieren. Im besonderen wird sie hierbei die Organisation der inneren Verwaltung, des Einkaufes und des Verkaufes einer Prüfung unterziehen, sich über die Kundschaft der Unternehmung und über deren Bedürfnisse informieren und sich ein Urteil darüber verschaffen, wie sich der Verkehr mit der Kundschaft abwickelt. Sie wird ferner Erkundigungen über die Einkaufsquellen einziehen und die Einkaufspreise sowie die Verkaufspreise einer Nachprüfung unterziehen. Zwecks Kontrolle der Verkaufspreise hat die kaufmännische Untersuchung zur Ergänzung der bereits von der fachmännischen Untersuchung ermittelten reinen Herstellungskosten, im besonderen noch eine genaue Kalkulation der reinen *Vertriebskosten*, unter Berücksichtigung auch der öffentlichen Lasten der Unternehmung, wie Steuern, Abgaben usw., aufzustellen. Dabei hat sie zu prüfen, wie weit die Herabminderung der Vertriebskosten möglich ist, ohne den Verkauf der Produktion zu beeinträchtigen. Sie hat ferner die vorhandenen finanziellen Mittel der Unternehmung zu prüfen und zu ermitteln, ob dieselben für die erfolgreiche Wirtschaft der Unternehmung ausreichen, und ob die jeweilig verfügbaren Geldmittel und Kredite so ertragreich als möglich für die Unternehmung verwendet werden. Auf Grund aller dieser Untersuchungen hat die kaufmännische kritische Beurteilung alsdann, unter Bezugnahme auch auf die fachmännische Kritik, ein Urteil über die *gesamte* wirtschaftliche Lage der Unternehmung abzugeben.

Die Ermittelung des Wertes der Unternehmung hat den jeweiligen *Tauschwert*, d. h. den jeweiligen angemessenen Geldwert der Gesamtheit der Unternehmung festzustellen, welcher als Kaufpreis für die Unternehmung berechtigterweise gefordert und gewährt werden darf. Sie unterscheidet sich von der reinen Taxation dadurch, daß sie nicht wie diese nur die sachlichen Vermögensobjekte, also die Grundstücke, Gebäude, Maschinen, Warenvorräte usw. abschätzt, sondern darüber hinaus auch die ideellen Verhältnisse der Unternehmung berücksichtigt. Derartige ideelle Verhältnisse sind z. B. die „Firma“ der Unternehmung, d. h. das Ansehen, welches die Unternehmung auf dem allgemeinen Markte genießt, und die Kundschaft, welche sie sich infolgedessen erworben hat, etwaige Monopole oder sonstige Rechte, welche die Unternehmung besitzt, die günstige Lage ihres Standortes, ihre gute Gesamtorganisation sowie ähnliches mehr.

Alle diese ideellen Verhältnisse finden ihren Ausdruck in dem *Ertrage* der Unternehmung, welcher sich um so höher stellt, je günstiger die ideellen Verhältnisse der Unternehmung sind.

Der ermittelte Wert der Unternehmung stellt daher das Resultat einer Berechnung dar, deren Faktoren die Ergebnisse der Abschätzung ihrer sämtlichen einzelnen Vermögensteile und der von ihr zu erzielende Ertrag sind. Als Grundlage für die Ermittelung der Einzelwerte dieser Faktoren dienen die Ergebnisse der fachmännischen und der kaufmännischen Beurteilung hinsichtlich des zeitigen Zustandes und der finanziellen Lage der Unternehmung[1]).

Die Grundlagen der fachmännischen Beurteilung.

a) Das Standortsproblem.

Der Fabrikbetrieb kennzeichnet die gewerbliche Großproduktion mit maschinellem Verfahren. Sein Zweck ist, die Fabrikate billig und rasch in großen Massen herzustellen und gewisse Qualitäten zu erzeugen, welche handwerksmäßig unter den gleichen Voraussetzungen nicht hergestellt werden können.

Diesen Zweck sucht der neuzeitige Fabrikbetrieb durch die vollendetste Ausnützung aller technischen und wirtschaftlichen Vorteile, im besonderen durch Verwendung bestkonstruierter Maschinen, weitgehendste Spezialisierung der Produktion und größtmögliche Arbeitsteilung zu erreichen.

Eine billige und rasche Produktion ist jedoch nur dann möglich, wenn nicht nur die Betriebsanlagen zweckentsprechend angelegt und ihre gesamten Betriebsmittel in gutem brauchbaren Zustande sind, sondern, wenn im besonderen auch die industrielle Unternehmung an einem Orte errichtet ist, an welchem sich die Grundbedingungen für eine wirtschaftlich günstige Produktion vorfinden.

Die Grundbedingungen für eine billige Produktion sind vor allem: Das Vorkommen des Rohmaterials in nächster Nähe des Standortes der Unternehmung, das Vorhandensein guter Verkehrsmittel mit niedrigen Transportpreisen für die Heranschaffung des Rohmaterials und der Betriebsmaterialien, die Möglichkeit der

[1]) Eine Anzahl von sachgemäßen Fragen, welche bei der Begutachtung von industriellen Unternehmungen in Betracht kommen, stellt *Herzog, G.*, in „Industrielle Begutachtungen", Stuttgart 1912, zusammen.

Beschaffung einer billigen Betriebskraft, das Vorhandensein einer ausreichenden Anzahl brauchbarer Arbeitskräfte zu niedrigen Lohnpreisen, niedrige Grundstückpreise und geringe öffentliche Abgaben[1]).

Bei der Wahl des Standortes einer industriellen Unternehmung kommt aber nicht allein die billige Produktion in Betracht, vielmehr muß auch auf die Möglichkeit des raschen und möglichst günstigen Verkaufes der Produktion Rücksicht genommen werden.

Für den Verkauf der Produktion kommen wiederum andere Gesichtspunkte in Frage, als für die billige Produktion selbst. In erster Linie ist für den Verkauf die Lage und Ausdehnung des betreffenden Absatzgebietes maßgebend und im Zusammenhange damit die soziale Klasse der Konsumenten, an welche die betreffende industrielle Unternehmung ihre Produktion unmittelbar oder mittelbar verkauft. Ferner sind von Bedeutung die zur Verfügung stehenden Verkehrsmittel und die Transportkosten für den Versand der Fabrikate.

Da sämtliche für eine billige Produktion und einen günstigen Verkauf der Fabrikate notwendigen Grundbedingungen nur in seltenen Fällen an einem Orte sich vereinigt vorfinden, besteht die Lösung des Standortproblems also darin, die günstigste Auswahl zwischen den verschiedenen Grundbedingungen zu treffen.

Man wird daher in jedem einzelnen Falle den Mehrwert oder Minderwert der einzelnen zu berücksichtigenden Grundbedingungen gegeneinander abzuwägen haben[2]).

---

[1]) Siehe auch *Haushofer, M.*, Der Industriebetrieb, 2. Auflage, München 1904, S. 11 u. 12. — Haushofer sagt hierüber:

„Die Industrie eines Volkes oder Landes im ganzen, sowie jeder einzelne Zweig derselben haben gewisse Grundbedingungen, von welchen ihr Gedeihen abhängt ... Es sind folgende:

I. Vorhandensein genügender Massen von Rohstoffen und Hilfsstoffen, Bezug derselben im Inlande oder von außen.

II. Vorhandensein genügender und nicht zu teurer Arbeitskräfte.

III. Hinreichende Kapitalmenge, sowie eine Entwicklung des Kredits, welche genügende Bewegung der Kapitalien gestattet.

IV. Der Absatz.

V. Die politische Stellung der Industrie, deren Freiheit, Berechtigung, besondere Begünstigung."

[2]) Über die Bedeutung des richtigen Standortes spricht sich besonders *Weber, Alfred*, Über den Standort der Industrien, Tübingen 1909, 1. Teil, sehr eingehend aus. In bezug auf die Wahl des Standortes sagt Weber auf Seite 105:

„Es gibt also zwei generelle Charaktereigentümlichkeiten der Industrien, von denen ihre Arbeitsorientierung abhängt: (Fortsetzung auf Seite 14.)

Maßgebend für die endgültige Entscheidung sind in erster Linie die aus der Wahl des Standortes sich ergebenden Selbstkosten der Produktion und des Verkaufes, da von der Höhe derselben die Höhe des Verkaufspreises der Fabrikate bzw. des Gewinnes der Unternehmung unmittelbar abhängig ist. Außerdem können aber auch noch andere Fragen in Betracht kommen, z. B. ob die Fabrikate, ohne zu verderben, einen weiten Transport vertragen, oder ob der Transport der Rohmaterialien bzw. der Fabrikate mit besonderen Schwierigkeiten verknüpft ist, welche die Transportkosten wesentlich erhöhen. Auch kann unter Umständen der Bedarf an den Fabrikaten sinken, wenn die Produktionsstätte nicht in unmittelbarer Nähe des Verkaufsmarktes liegt.

Die *Selbstkosten der Fabrikate* setzen sich zusammen aus den Produktionskosten und den Verkaufskosten. Die gesamten Selbstkosten muß man jedoch in zwei Gruppen teilen, und zwar in die unbedingt notwendigen, von dem Unternehmerwillen *unabhängigen* Selbstkosten, und in die von dem Unternehmerwillen *abhängigen* Selbstkosten.

Zu der ersten Gruppe gehören die Zinsen des in der Unternehmung angelegten Kapitals, die Kosten des Rohmaterials und der Betriebsmaterialien, die Arbeitslöhne, die Abnützung der Betriebsmittel, die zu zahlenden Abgaben und ähnliche auch für den Verkauf der Produktion *unbedingt notwendige* Ausgaben, deren untere Grenze für eine jede Unternehmung vornehmlich durch die allgemeinen Verhältnisse an ihrem Standorte gegeben ist. Zu der zweiten Gruppe sind die Kosten für Reklame, Wohlfahrtseinrichtungen, Reisen, Repräsentation und ähnliche *freiwillige* Selbstkosten zu rechnen.

Im Hinblick auf die Kosten sind bei der Wahl des Standortes ferner noch zu unterscheiden die einmaligen Kosten für die Errichtung der Betriebsanlagen und die stetig andauernden Kosten der Produktion und des Verkaufes.

Die Kosten für die Errichtung der Betriebsanlagen spielen insofern eine Rolle, als die Verzinsung des in den Betriebsanlagen angelegten Kapitals die Selbstkosten dauernd erhöht und dadurch

---

1. ihr Standortsgewicht (bzw. ihren Materialindex) und
2. ihren Arbeitskostenindex.

Und es gibt drei Milieubedingungen, die bestimmend sind, nämlich:

1. die gegenseitige Lage von Standortsfiguren und Arbeitsplätzen,
2. die geltenden Transportkostensätze und
3. die tatsächlichen Kompressionsprozente der Arbeitsplätze."

den Reinertrag der Unternehmung schmälert. So werden z. B. eine jede über das Notwendige hinausgehende Größe der Betriebsanlagen, eine übermäßige luxuriöse Ausstattung derselben oder die Mehrkosten der Errichtung der Anlagen auf einem Terrain von besonders ungünstiger Beschaffenheit auch einen besonderen Kapitalsaufwand erfordern, dessen Zinsendienst wiederum die Selbstkosten der Unternehmung dauernd erhöht.

Eine jede Erhöhung der Selbstkosten ist jedoch gleichbedeutend mit der Verringerung des Reinertrages der industriellen Unternehmung. Reinertrag oder *Gewinn* ist der Überschuß aus dem Verkaufserlös über die Selbstkosten. Sind dagegen die Selbstkosten höher als der Verkaufserlös, so ergibt sich umgekehrt ein entsprechender *Verlust.*

Da nun der Verkaufspreis im allgemeinen nicht von dem Unternehmerwillen abhängig ist, sondern sich unabhängig von ihm durch Angebot und Nachfrage auf dem allgemeinen Markte regelt, so kann der Verkaufspreis auch nicht *beliebig* in die Höhe gesetzt werden, um eine Erhöhung der Selbstkosten durch eine gleichzeitige entsprechende Erhöhung der Verkaufspreise wieder auszugleichen. Vielmehr ist der Gewinn um so niedriger, je höher die Selbstkosten, und umgekehrt, um so höher, je niedriger die Selbstkosten sind.

Nur wenn eine industrielle Unternehmung Monopole besitzt, z. B. den Patentschutz auf ihr gehörende Erfindungen, und daher für ihre Fabrikate einen *Monopolpreis* fordern kann, ist sie in der Lage, eine Erhöhung ihrer Selbstkosten durch eine entsprechende Erhöhung ihrer Verkaufspreise wieder wettzumachen.

Die im vorstehenden bereits angeführten verschiedenen Grundbedingungen, welche auf die Wahl des Standorts der industriellen Unternehmung von maßgebendem Einfluß sind, wird man, wie ebenfalls bereits vorerwähnt, selten an *einem* Orte derart vereinigt finden, daß man diesen Ort ohne weiteres als den geeignetsten Standort für die Unternehmung bezeichnen könnte.

Meistens wird man den Mangel der einen oder der anderen Grundbedingung zugunsten der Vorzüge der übrigen Grundbedingungen in den Kauf nehmen müssen. Welche Grundbedingungen im einzelnen dabei den Vorzug verdienen, kann nur von Fall zu Fall entschieden werden, zumal in den einzelnen Fällen noch mancherlei andere Umstände mitsprechen werden, und auch die verschiedenen Produktionen eine verschiedenartige Behandlung erfordern.

Es läßt sich jedoch eine Anzahl von Grundsätzen aufstellen, welche bei der Wahl des Standortes einer industriellen Unternehmung berücksichtigt werden *müssen*, wenn nicht die Unternehmung mit Mängeln behaftet sein soll, welche einen günstigen Reinertrag aus ihrer Wirtschaft von vornherein ausschließen. Die hauptsächlichsten dieser Grundsätze seien hier folgend angeführt und des näheren erläutert.

Je näher eine industrielle Unternehmung dem Orte der Gewinnung ihres Rohmaterials liegt, um so billiger und um so regelmäßiger läßt sich ihre Produktion gestalten.

Die Transportkosten für die Heranschaffung des Rohmaterials sinken mit der schwindenden Entfernung bis auf ein Minimum hinab. Außerdem kann die Heranschaffung des Rohmaterials um so ununterbrochener erfolgen, je kürzer der Weg ist, welchen das Rohmaterial zurückzulegen hat, so daß auch keine Stockung in der Produktion zu befürchten ist.

Muß dagegen die Unternehmung ihr Rohmaterial aus weiter Ferne beziehen, so verteuert sich nicht allein dasselbe um den Wert der Transportkosten[1]), sondern es steigert sich auch die Gefahr, daß das Rohmaterial unterwegs durch Verkehrshindernisse irgendwelcher Art, z. B. im Winter durch das Zufrieren der Wasserstraßen, aufgehalten und die Produktion dadurch unterbrochen wird.

Um derartigen Produktionsstörungen vorzubeugen, ist man dann genötigt, größere Mengen des Rohmaterials, als gerade für die laufende Produktion gebraucht werden, vorzeitig zu beschaffen

---

[1]) *Barth, Friedrich*, Die zweckmäßigste Betriebskraft, 1. Teil, 2. Auflage, Leipzig 1910, Seite 25, sagt hierüber:

„Der Preis eines Brennstoffes ist verschieden, je nach dem Verbrauchsort und der Menge, in welcher der Brennstoff bezogen wird. Je weiter die Entfernung von dem Gewinnungsorte des Brennstoffes ist, desto mehr wird sein Preis durch die Transportkosten erhöht. Insbesondere gilt dies für feste Brennstoffe, deren Gewinnung sich in Deutschland auf wenige Bezirke konzentriert. Ein mitten im Kohlenrevier wohnender Konsument wird daher wesentlich geringere Ausgaben für Brennstoff haben als ein abseits liegender . . .“

Barth gibt dann weiter eine ausführliche Zusammenstellung, wie sich die Kohlenpreise in Nürnberg Ende 1908 stellten. Aus dieser Zusammenstellung ergibt sich, daß die *gleiche* Qualität — Nuß I — Steinkohlen, und zwar je 10000 kg, frei Lagerraum kosteten:

aus dem	Saarrevier	ca.	286	M.	bei	91	M.	Fracht	bis Nürnberg
„ „	Ruhrrevier	„	284	„	„	110	„	„	„ „
„ „	Oberschlesischen Revier	„	279	„	„	145	„	„	„ „
„ „	Böhmischen Revier . .	„	259	„	„	75	„	„	„ „
„ „	Sächsischen Revier . .	„	251	„	„	76	„	„	„ „

und einzulagern. Derartige Rohmaterialvorräte erhöhen jedoch wiederum die Produktionskosten, falls nicht ganz bedeutende Preisnachlässe mit dem vorzeitigen Ankaufe des Rohmaterials in größeren Massen verbunden sind. Einmal entstehen Kosten durch die Verzinsung des in den Vorräten angelegten Kapitals, und dann auch weiter noch Kosten, weil das Einlagern größerer Vorräte nicht allein mit Aufwendungen für Lagerräume, Verwaltung und Bewachung verknüpft ist, sondern auch Verluste durch Verderben des eingelagerten Rohmaterials, Diebstahl, Übergang der Transportgefahr auf den Käufer usw. eintreten können.

Es ist ferner zu berücksichtigen, daß bei der Verarbeitung der Rohmaterialien zu Fabrikaten Abfälle entstehen, welche selbstverständlich nicht mehr den Wert des Rohmaterials selbst haben. Aber auch für diese Abfälle mußten, als sie noch nicht Abfall, sondern noch Rohmaterial waren, die Transportkosten für die Heranschaffung aufgewendet werden. *Diese* Transportkosten sind nunmehr zum größten Teile verloren, denn das betreffende Rohmaterial ist nicht zu einem Fabrikat verarbeitet, welches den Wert des Rohmaterials zuzüglich der Transportkosten in sich birgt, sondern es ist Abfall, d. h. minderwertig geworden. Je größer also die Menge des Abfalles ist und je weiter der Transportweg bei der Heranschaffung des Rohmaterials war, um so höher ist auch der Betrag der verlorengehenden Transportkosten.

Es entsteht mithin auch durch die Abfälle ein die Produktion belastender Verlust, welcher zwar nicht ganz zu vermeiden ist, aber dennoch um so kleiner sein wird, je weniger Transportkosten für das Rohmaterial aufzuwenden waren, d. h. je näher die industrielle Unternehmung der Bezugsquelle ihres Rohmaterials liegt.

Von Bedeutung für die Transportfrage ist ferner, ob das Rohmaterial oder das aus ihm hergestellte Fabrikat, sei es durch sein Gewicht oder seinen Umfang, schwieriger zu transportieren ist, und welches von beiden daher, das Rohmaterial oder das Fabrikat, die größeren Transportkosten erfordert. Ferner ist bei der Transportfrage zu beachten, ob *das Fertigfabrikat nicht etwa denselben Weg noch einmal zurückzulegen hat, welchen das Rohmaterial bereits zurückgelegt hatte.*

Ist das Fabrikat an sich nicht von so hohem Wert, daß ihm gegenüber die Transportkosten überhaupt keine Rolle mehr spielen, so muß bei Beantwortung der Transportfrage die örtliche Lage des *Verkaufsmarktes der Fabrikate* mit berücksichtigt werden.

Hat die industrielle Unternehmung nur ein *örtlich beschränktes* Absatzgebiet, wie dies beispielsweise bei Ziegeleien oder bei Kistenfabriken der Fall ist, dann ergibt sich die Entscheidung leicht von selbst.

Die Ziegeleien z. B. wird man an dem Fundorte ihres Rohmaterials, den Tonlagern, errichten; einmal weil sich der Transport der fertigen Ziegel leichter und billiger bewerkstelligen läßt als der Transport des Tons, aus welchem sie gefertigt sind, dann aber auch, weil der niedrige Marktpreis der Ziegelsteine keine hohen Transportkosten verträgt. Das Absatzgebiet einer Ziegelei wird daher fast stets ein örtlich begrenzter kleiner Kreis sein, dessen Mittelpunkt durch den Standort der Ziegelei gegeben ist.

Die Kistenfabriken dagegen wird man in das Zentrum ihres Verkaufsmarktes verlegen, weil umgekehrt bei ihnen der Transport der fertigen Kisten, wegen ihres größeren Raumbedarfes, eine größere Quantität von Transportmitteln erfordert und sich daher kostspieliger stellt als der Transport des Rohmaterials, welches aus Baumstämmen oder bereits zugerichteten Brettern besteht.

Ist das Absatzgebiet einer industriellen Unternehmung dagegen ein *weit ausgedehntes*, womöglich auch ein über verschiedene Länder sich erstreckendes Gebiet, dann spielen bei der Wahl des Standortes der Unternehmung die Transportkosten für die Fabrikate derselben keinerlei nennenswerte Rolle mehr. Bei der Entscheidung über die Wahl des Standortes ist alsdann die Art und das Vorkommen des Rohmaterials von weit größerer Bedeutung.

Handelt es sich um ein leicht und billig zu transportierendes Rohmaterial, so wird man in diesem Falle den Standort inmitten eines großen Verkehrszentrums wählen. Handelt es sich dagegen um ein schweres oder schwierig zu transportierendes Rohmaterial, dann wird man die industrielle Unternehmung am vorteilhaftesten in der Nähe des Vorkommens des Rohmaterials errichten.

Als ein Beispiel hierfür kann man die Eisenhüttenwerke anführen, in welchen das Roheisen aus den Erzen erzeugt wird. Diese Hüttenwerke pflegt man so nahe als irgend möglich bei den Erzgruben zu errichten, um die höheren Transportkosten für die Erze nach Möglichkeit zu ersparen. Ein weiteres Beispiel sind die Sägemühlen, welche man möglichst in der Nähe des Waldes errichtet, weil der Herantransport ihres Rohmaterials, der Baumstämme, schwieriger und daher auch kostspieliger ist als der Transport bei der Versendung des aus ihnen hergestellten Fabrikates, der Bretter.

Hinsichtlich der Transporte ist ferner wichtig, wie sich das Rohmaterial und die Fabrikate auf einem längeren Transport verhalten.

Bei der Wahl des Standortes der industriellen Unternehmung hat man daher auch darauf Rücksicht zu nehmen, ob das Rohmaterial bzw. das Fabrikat einen weiten Transport verträgt, ohne zu verderben.

Hält das Rohmaterial keinen weiten Transport aus, ohne zu verderben, dann wird man selbstverständlich die Unternehmung so nahe als möglich an den Ort des Vorkommens des Rohmaterials verlegen. Umgekehrt wird man die Unternehmung inmitten ihres Absatzgebietes errichten, wenn ihre Fabrikate keinen langen Transport vertragen.

Als Beispiele für diese Fälle seien hier die Zuckerfabriken und die Brauereien angeführt.

Wenngleich die Zuckerfabriken auch noch aus mancherlei anderen Gründen darauf angewiesen sind, sich inmitten der Bezugsquellen ihres Rohmaterials anzusiedeln, z. B. auch aus dem Grunde, weil für die Anfuhr des Rohmaterials in vielen Fällen nur der Transport durch Fuhrwerke in Frage kommt, so ist für sie doch auch das Verderben des Rohmaterials bei weiten Transporten von entscheidender Bedeutung. Ihr Fabrikat, der Zucker, verträgt dagegen ohne Schaden die weitesten Transporte.

Der umgekehrte Fall trifft bei den Brauereien zu. Bei diesen ist das Fabrikat, das Bier, wenn es nicht besonders für einen weiten Transport eingebraut ist, auf einem solchen dem Verderben ausgesetzt, während die Rohmaterialien, Hopfen und Gerste bzw. Malz, einen weiten Transport besser vertragen.

Man wird also aus diesen Gründen die Zuckerfabriken an dem Orte des Vorkommens ihres Rohmaterials, und die Brauereien, ganz abgesehen von dem auch schwereren Gewichte ihres in Wasser eingebrauten Fabrikates als dem Gewichte der in ihm enthaltenen Rohmaterialien, Hopfen und Gerste, an dem Verkaufsorte ihres Fabrikates errichten.

Je näher eine industrielle Unternehmung ihrem Verkaufsmarkte liegt, um so günstiger und rascher wird sie ihre Produktion verkaufen können.

Für die Begründung dieses Grundsatzes spricht in erster Linie die Erfahrung, daß der Verkauf einer jeden Produktion um so besser von statten geht, je reger der Verkehr zwischen dem Produzenten und dem Konsumenten bzw. dem Vermittler zwischen beiden ist. Der Verkehr zwischen diesen drei Gruppen und das Knüpfen vielfacher Beziehungen zwischen ihnen ist jedoch um so leichter und bequemer, je näher sie beieinander wohnen.

Es kommen aber auch noch andere Umstände hinzu, welche den Verkauf der Produktion vorteilhaft beeinflussen, wenn die industrielle Unternehmung in der Nähe oder inmitten ihres Verkaufsmarktes liegt. Die Unternehmung selbst wird dadurch den Konsumenten besser bekannt werden, als wenn sie an einem entfernten, vielleicht unbedeutenden Orte liegt, und es werden daher auch immer neue Konsumenten sich für die Befriedigung ihres Bedarfes an die Unternehmung wenden, ohne daß die letztere für dieses Erwerben neuer Kunden besondere Aufwendungen zu machen braucht.

Auch werden die Konsumenten um so lieber ihren Bedarf bei der nahe gelegenen Unternehmung als bei einer entfernter gelegenen decken, weil dies nicht allein bequemer und billiger für sie ist, sondern auch noch mancherlei andere Vorteile für sie im Gefolge hat. Es können z. B. besondere Bedingungen der Ausführung der Lieferung eingehend persönlich besprochen werden; Ergänzungen, Nachlieferungen und Reparaturen sind schneller, billiger und bequemer zu haben als von einer entfernt gelegenen Unternehmung, die zu liefernden Fabrikate können vor ihrer Ablieferung besichtigt werden, und ähnliches mehr.

Als ein Beispiel hierfür seien die Maschinenfabriken angeführt, welche man mit Vorliebe inmitten großer Industriezentren errichtet. Besonders diejenigen Maschinenfabriken, welche Spezialmaschinen für die betreffenden Industrien bauen, erzielen große Vorteile, wenn sie sich in unmittelbarer Nähe des Hauptsitzes ihrer Konsumenten ansiedeln. Vor allem ist es die Erleichterung des bereits vorerwähnten persönlichen Verkehrs mit den Konsumenten, durch welchen die betreffende Maschinenfabrik ständig über den Bedarf ihrer Kundschaft unterrichtet bleibt, dem häufig wechselnden Bedarfe sich schneller und leichter anpassen und, als eine Folge hiervon, ihren Umsatz entsprechend erhöhen kann.

Man wird daher besonders in allen denjenigen Fällen, in welchen es sich um einen örtlich begrenzten Verkaufsmarkt handelt und außerdem die Kosten des Transportes für das Rohmaterial und für das Fabrikat annähernd die gleichen sind, sich bei der Wahl des Standortes der industriellen Unternehmung zugunsten des Verkaufsmarktes entscheiden. Die hieraus sich ergebenden Vorteile für den Verkauf der Produktion sind jedenfalls höher zu veranschlagen als die Vorteile einer um ein geringes billigeren Produktion an einem entfernten Orte. Vorausgesetzt ist hierbei allerdings, daß die Selbstkosten der Unternehmung dadurch nicht *wesentlich* erhöht werden.

Je vorteilhafter die Betriebsanlagen sowohl für die Transporte der Rohmaterialien und Betriebsmaterialien, als auch für die Transporte der Fabrikate mit der nächsten Eisenbahnstation oder Wasserstraße verbunden werden können, um so niedriger sind einerseits die Produktionskosten und um so konkurrenzfähiger andererseits die Verkaufspreise.

Wegen des Heranschaffens des Rohmaterials und aller Betriebsmaterialien sowie wegen der Versendung der Fabrikate ist es von großer Bedeutung, ob der Standort der industriellen Unternehmung gute *Verkehrsmittel* hat. Im besonderen kommt hierbei in Frage, ob sich Wasserstraßen mit guten Verladestellen oder Eisenbahnstationen in der Nähe befinden, mit welchen die Unternehmung durch ein Anschlußgleis verbunden werden kann.

Der besonders für schwere Güter sehr hohe Fuhrlohn für das Anfahren der Rohmaterialien und das Abfahren der Fabrikate von und bis zur nächsten Eisenbahngüterstation, das sogenannte Rollgeld, kommt in Fortfall, wenn ein Anschlußgleis vorhanden ist, welches von der nächsten Eisenbahngüterstation bis in die Betriebsanlagen hineinführt. Dieses Rollgeld beträgt oft schon bei nur mittelgroßen Betrieben jährlich viele Tausende von Mark, welche einen wesentlichen Anteil der Selbstkosten ausmachen.

Dieselbe Ersparnis an Rollgeld wird erzielt, wenn die Betriebsanlagen direkt an einer Wasserstraße gelegen oder mit dieser durch einen Kanal verbunden sind.

Die Verbindung mit der Eisenbahn durch ein Anschlußgleis oder mit der Wasserstraße durch eine eigene Verladestelle gewährt aber außer der Ersparnis an Rollgeld auch noch den Vorteil, das Ausladen und Verladen der Güter durch eigene hierfür angelernte Arbeiter mit besonderer Sorgfalt und unter eigener Aufsicht vornehmen zu lassen. Hierdurch wird die Abwickelung der Geschäfte mit den Lieferanten und Konsumenten erleichtert, weil Beschwerden und Ansprüche wegen schlechter Behandlung der Güter auf dem Transporte seltener werden. Eine Folge davon sind ebenfalls Ersparnisse an Kosten.

Können weder Wasserstraßen noch Anschlußgleise benutzt werden, so ist darauf zu achten, daß wenigstens gut chaussierte Wege bis an die Betriebsanlagen heranführen. Andernfalls wachsen die Transportkosten, welche durch die notwendige Anfuhr bzw. Abfuhr mit Fuhrwerk bis zur nächsten Bahnstation oder dem nächsten Verladehafen erforderlich sind, oft derartig hoch, daß sie einen noch gewinnlassenden Verkauf der Fabrikate unmöglich machen.

Die Kosten der Produktion sind wesentlich auch abhängig von der Zahl und der Art der zur Verfügung stehenden Arbeitskräfte und von der Leistung derselben.

Schon in der vorangegangenen Einleitung ist darauf hingewiesen worden, daß die Lösung des Standortsproblems der industriellen Unternehmung von einer Anzahl anderer Probleme abhängig ist. Eins der wichtigsten von diesen bildet das *Problem der Arbeiterbeschaffung*, dessen befriedigende Lösung für eine jede industrielle Unternehmung von großer Bedeutung ist. Hört doch eine jede Produktion von selbst auf, wenn keine Arbeitskräfte zu erlangen sind. Einen Beweis hierfür bieten die Streiks der Arbeitnehmer, durch welche oft der Stillstand der Produktion einer ganzen Reihe industrieller Unternehmungen erzwungen wird.

Es kommt aber bei einer jeden Produktion nicht allein auf die Anzahl der Arbeiter, sondern auch auf ihre fachliche Ausbildung an, da von dieser ihre Leistungsfähigkeit unmittelbar abhängig ist. Es muß also bei der Wahl des Standortes der Unternehmung auch darauf geachtet werden, ob an dem betreffenden Orte ein genügender Stamm fachlich ausgebildeter Arbeiter für die in Frage stehende Produktion bereits ansässig ist oder doch leicht herangezogen und ansässig gemacht werden kann.

Am leichtesten ist stets die Beschaffung der erforderlichen Arbeitskräfte in großen Industriezentren. In diesen ist auch für manche Produktionen, welche weiblicher und jugendlicher Arbeitskräfte bedürfen, am ehesten eine genügende Anzahl solcher Arbeitskräfte zu finden, weil die Angehörigen der daselbst ansässigen verheirateten Arbeiter meistens zur Fabrikarbeit willig und auch für dieselbe besonders geschickt sind.

Der Vorteil der Verwendung von weiblichen und auch jugendlichen Arbeitskräften liegt einerseits in den niedrigeren Arbeitslöhnen, welche sie, gegenüber den Löhnen der männlichen Arbeiter, für ihre Arbeitsleistung erhalten, anderseits auch in der größeren Geschicklichkeit, welche die weiblichen Arbeitskräfte für mancherlei Arbeiten zeigen.

Jedenfalls ist der Vorteil der niedrigeren Löhne so wesentlich und für die Verbilligung der Produktion von so großer Bedeutung, daß besonders die großen industriellen Unternehmungen, welche in ihren Fabrikbetrieben viele Hunderte, mitunter sogar einige tausend weiblicher Arbeitskräfte beschäftigen, darauf angewiesen sind, bei der Wahl ihres Standortes vor allem auch auf die ausreichende Beschaffung der benötigten weiblichen Arbeitskräfte Bedacht zu nehmen.

Aus diesem Grunde werden sich derartige Fabrikbetriebe vorteilhaft in solchen Gegenden ansiedeln, in welchen bereits eine größere Schwerindustrie (Bergbau, Eisenwalzwerke, Lokomotivfabriken, Maschinenfabriken usw.) vorhanden ist[1]).

Fehlt es an der nötigen Zahl von Arbeitskräften, und können infolgedessen die vorhandenen Betriebsanlagen der betreffenden industriellen Unternehmungen nicht voll ausgenutzt werden, dann *verteuert sich die Produktion.*

Erfordern doch die nicht benutzten Teile der Betriebsanlagen, trotzdem sie brach liegen, die Verzinsung des in ihnen angelegten Kapitals. Außerdem beanspruchen sie aber auch einen Teil der allgemeinen Betriebsunkosten, z. B. der Betriebskraft, der Heizung und der Beleuchtung, ohne dafür einen Ausgleich in Gestalt ihrer Mitarbeit bei der Herstellung der Fabrikate zu bieten, und sie verursachen auch Kosten durch ihre notwendige gelegentliche Kontrolle

[1]) Auch *Sombart, Werner,* Gewerbewesen, II. Teil, Leipzig 1904, weist auf den Einfluß, welchen das Vorhandensein von Arbeitskräften bei der Wahl des Standortes der Unternehmung ausübt, besonders hin. So sagt er auf Seite 82: „. . . die kapitalistische Unternehmung habe die größere Fähigkeit, die Arbeitskräfte zu beschäftigen, ohne sie zu einem Ortswechsel zu zwingen. Das heißt: sie geht der Arbeitskraft nach und vermag sich deren Existenzbedingungen völlig anzuschmiegen. Das geschieht beispielsweise dort, wo eine Fabrik in Gegenden angelegt wird, in denen billige Arbeitskräfte aus irgendeinem Grunde in größerer Anzahl sich vorfinden, etwa weibliche, weil sich eine Männerindustrie (Maschinenfabrikation, Bergbau) daselbst angesiedelt hat. Es ist klar, daß das Handwerk niemals in dieser Weise beliebig seinen Standort wählen kann."

und Wartung. Es kommt ferner hinzu, daß die Kosten der allgemeinen Verwaltung dieselben bleiben, gleichviel ob die genügende Anzahl von Arbeitskräften vorhanden ist oder zeitweise fehlt. Ist jedoch die Produktion mangels genügender Arbeitskräfte eine kleinere, dann ist das Verhältnis der allgemeinen Verwaltungskosten zu dem Werte der Produktion ein ungünstigeres als bei der vollen Produktion, für welche der Umfang der allgemeinen Verwaltung eingerichtet ist.

Andererseits erhöht auch ein Überschuß an Arbeitern die Produktionskosten der Unternehmung.

Es kann wohl bei einer jeden industriellen Unternehmung gelegentlich ein Zeitraum eintreten, in welchem der Verkauf der Fabrikate nicht so flott vonstatten geht wie bei günstiger Konjunktur, so daß auch für die volle Ausnutzung der Betriebsanlagen und der Leistung der Arbeiterschaft kein Bedarf vorliegt. Aber selbst, wenn es auch in diesem Falle im Interesse der Unternehmung liegen könnte, ihre Arbeiterschaft während der niedergehenden Konjunktur weiter zu beschäftigen, um sie für die Zeit des erwarteten neuen Hochganges der Konjunktur bereit zu haben, ist dies doch stets mit einem Opfer an Produktionskosten verbunden. Es rührt dies daher, weil entweder während dieses Zeitraumes von den überzähligen Arbeitern unproduktive Notstandsarbeiten ausgeführt werden, deren Arbeitslöhne die Produktion belasten, ohne diese selbst zu erhöhen, oder weil mehr als augenblicklich notwendig Fabrikate auf Vorrat angefertigt werden. Im letzteren Falle tritt alsdann eine Erhöhung der Produktionskosten ein durch die Verzinsung des in diesen Vorräten ruhenden Kapitals und durch die Wertverminderung der Lagervorräte infolge ihres längeren Lagerns.

Es liegt ferner im Interesse einer jeden industriellen Unternehmung, einen genügend großen Arbeiterstamm *dauernd* an sich zu fesseln, um einerseits die Quantität der Produktion wenigstens stetig auf einer bestimmten Höhe zu erhalten, andererseits durch die bessere Einübung der Arbeiter die Qualität der Fabrikate zu verbessern. Die Wahl des Standortes der Unternehmung ist hierauf nicht ohne Einfluß, weil es schwerer hält in von dem Verkehr abseits gelegenen Orten die Arbeiter an sich zu fesseln als in Orten lebhafteren Verkehrs. In letzteren wird, neben den fachlich ausgebildeten ansässigen Arbeitern, auch am ehesten ein Nachwuchs jugendlicher Arbeiter vorhanden sein, welcher sich für die betreffende Produktion anlernen läßt.

Für die Produktivität der Unternehmung und die Produktionskosten ist dies jedoch ebenfalls von großer Bedeutung, denn die Ausnutzung der Betriebsanlagen und die Kosten der Produktion stehen in unmittelbarem Zusammenhange hiermit.

Am billigsten arbeitet bei normalen Arbeitslöhnen diejenige an Zahl gerade ausreichende Arbeiterschaft, welche fachlich so ausgebildet und angelernt ist, daß sie die vorhandenen Betriebsanlagen bei normaler Arbeitszeit auf die Höchstgrenze ihrer Leistungsfähigkeit bringt.

Auch die Höhe der Löhne spricht bei der Wahl eines geeigneten Standortes für die Unternehmung mit. *Hohe Arbeitslöhne verteuern die Produktion, niedrige verbilligen sie.* Man wird jedoch bei der Wahl des Standortes den Arbeitslöhnen nicht dieselbe Bedeutung zumessen können, wie den übrigen zu lösenden Problemen der Beschaffung des Rohmaterials, der Transportmittel usw.

Einmal ist der Unterschied zwischen hohen und niedrigen Löhnen nicht so bedeutend, um ausschlaggebend für die Wahl des Standortes zu sein, wenn nicht die übrigen mitsprechenden Grundbedingungen günstig erfüllt werden können. Dann ist aber auch damit zu rechnen, daß möglicherweise, ja sogar sehr wahrscheinlich die zeitig noch niedrigen Arbeitslöhne an dem gewählten Standorte in die Höhe gehen werden, sobald die industrielle Unternehmung errichtet ist und ihren Betrieb begonnen hat.

Da ein jeder Arbeiter ein gewisses Einkommen aus seiner Arbeitsleistung haben muß, unter welches er nicht heruntergehen kann, regeln sich die jeweilig ortsüblichen Arbeitslöhne nach den allgemeinen Preisen für Wohnung, Lebensmittel usw. Entwickelt sich jedoch ein bis dahin noch abseits gelegener Ort zu einem Industrieorte, so steigert der dadurch hervorgerufene neue Verkehr mit der Zeit auch die Bedürfnisse der Einwohnerschaft. Im Zusammenhange damit steigen dann die Preise für die allgemeine Lebenshaltung und, als eine Folge hiervon, auch die Arbeitslöhne.

Welche Wechselwirkung Arbeitslöhne, Lebensmittelpreise und allgemeine Lebenshaltung aufeinander ausüben, ist bereits während des Weltkrieges, noch deutlicher jedoch in den Jahren nach seiner Beendigung und bis zur Zeit in die Erscheinung getreten. Gerade die hierbei gemachten Erfahrungen lehren aber, daß die erhöhten Lohnforderungen der Arbeiterschaft durch eine Steigerung der Produktion in Einklang gebracht werden müssen mit der Ertragsmöglichkeit der industriellen Unternehmungen. Übermäßig hohe

Arbeitslöhne bringen eine jede industrielle Unternehmung zum Erliegen, gleichviel ob sie eine privatkapitalistische oder eine sozialistische Unternehmung staatlicher oder genossenschaftlicher Art ist.

Die Produktionskosten sind ferner auch von der richtigen Wahl der benötigten Betriebskraft abhängig.

Je billiger die Betriebskraft ist, um so niedriger sind die Produktionskosten.

Die billigste Kraftquelle zur Deckung des regelmäßig andauernden Bedarfes an mechanischer Energie ist eine Wasserkraft; die teuerste die Menschenkraft. Dazwischen liegen die durch elektrische Energie, Dampf, Gas und tierische Antriebe erzeugten Kraftquellen. Die Windkraft kann außer Betracht bleiben, weil ein regelmäßig andauernder Betrieb durch sie nicht gewährleistet wird.

Eine Wasserkraft ist nicht überall vorhanden. Wo dies jedoch der Fall ist, wird man sie mit Vorteil einer jeden anderen Betriebskraft vorzuziehen haben, um die Produktion zu verbilligen.

Dies ist auch der Grund, weshalb man im besonderen Elektrizitätswerke an großen Wasserkräften errichtet, um diese letzteren, vermittels der elektrischen Energieübertragung, auch verhältnismäßig weit von ihnen entfernt liegenden industriellen Unternehmungen nutzbar zu machen.

Die Grundform eines jeden Elektrizitätswerkes kann man durch eine Dynamomaschine, einen Elektromotor und die beide miteinander verbindende Leitung darstellen. Für den Antrieb der Dynamomaschine ist dann ferner eine Kraftquelle notwendig, welche am billigsten in einer Wasserkraft gegeben ist, sonst durch eine Dampfmaschine, einen Gasmotor oder eine ähnliche zweckentsprechende Kraftmaschine beschafft werden muß.

Die der Kraftquelle entnommene mechanische Energie wird in der Dynamomaschine in Stromenergie umgewandelt. Die Stromenergie fließt auf der Leitung zu dem Elektromotor und wird in diesem wieder in mechanische Energie zurückverwandelt, welche alsdann an die Konsumenten verkauft wird.

Es bestehen mithin die wesentlichsten Produktionskosten eines Elektrizitätswerkes aus den Kosten der benötigten Kraftquelle. Gegenüber diesen Kosten fallen die sonstigen Produktionskosten weniger ins Gewicht. Infolgedessen können die Elektrizitätswerke auch als ein Beispiel für diejenigen industriellen Unternehmungen angeführt werden, bei welchen die Frage der benötigten Betriebskraft höher zu werten ist als die übrigen Fragen, wie Verkehrsmittel, Arbeiterschaft usw.

Jedoch auch bei allen anderen industriellen Unternehmungen ist das Problem der benötigten Betriebskraft von großer Bedeutung, da die Mehrzahl der Unternehmungen für ihre Betriebskraftanlagen auf den Bezug von Kohlen angewiesen ist. *Hohe Kohlenpreise verteuern jedoch dauernd die Produktion*, weil der Jahresbedarf an Kohlen schon bei nur mittelgroßen Unternehmungen so groß ist, daß er viele Tausende von Mark zu seiner Deckung erfordert. Die Differenz zwischen hohen und niedrigen Kohlenpreisen ist also erheblich genug, um einen Einfluß auf den Reinertrag der Unternehmung ausüben zu können.

Es ist daher bei der Wahl des Standortes einer industriellen Unternehmung auch die Frage der am billigsten an dem betreffenden Orte zu beschaffenden Betriebskraft eingehend zu prüfen. Bei sonst gleichen Bedingungen wird man jedenfalls demjenigen Standorte den Vorzug zu geben haben, an welchem die benötigte Betriebskraft sich dauernd am billigsten beschaffen läßt.

Auch die zu zahlenden *Abgaben*, welche an verschiedenen Orten nicht immer gleich hoch sind, üben einen Einfluß auf die Wahl des Standortes der industriellen Unternehmung aus, denn dieselben erhöhen dauernd die Produktionskosten. Es kommen hierbei jedoch nur die *direkten* Abgaben in Betracht, wie Gewerbesteuern, Flußkatasterbeiträge usw.

Dagegen können indirekte Abgaben, wie z. B. auf dem Rohmaterial ruhende Eingangszölle, falls dasselbe aus dem Auslande bezogen werden muß, außer acht bleiben, weil diese indirekten Abgaben den gesamten einheimischen Produktionszweig gleichmäßig belasten.

Gleichfalls muß man einen Unterschied machen zwischen den von dem Unternehmerwillen *unabhängigen* und den von ihm *abhängigen* Abgaben.

Alle von einer industriellen Unternehmung zu zahlenden und von ihrem Unternehmerwillen unabhängigen Abgaben erhöhen die „Produktionskosten“; alle von ihr zu zahlenden, jedoch von ihrem Unternehmerwillen abhängigen Abgaben erhöhen die „Verkaufskosten“

Vielfach findet man, daß industrielle Unternehmungen auch noch an anderen Orten als dem Standorte ihrer Produktion, besonders in den größeren Städten, Zweigniederlassungen, Magazine oder Büros unterhalten und daher auch an diesen Orten zur Zahlung von Steuern und sonstigen Abgaben herangezogen werden. Der Errichtung dieser Zweigniederlassungen usw. liegt jedoch eine freiwillige Entschließung zugrunde, denn die Produktion erfordert ihre Errichtung nicht. Sie können auch, ohne Schädigung der Produktion, jederzeit wieder aufgehoben werden. Zudem findet in diesen Zweigniederlassungen keine Produktion statt, vielmehr sind sie zu dem ausschließlichen Zwecke errichtet, den Verkehr mit den Konsumenten zu fördern und dadurch den Umsatz in den Fabrikaten der Unternehmung zu erhöhen. Sie dienen also dem *Verkaufe*, und die Abgaben, welche sie zu entrichten haben, belasten daher auch den „Verkauf" und nicht die „Produktion".

Auch alle anderen von der Unternehmung dauernd *freiwillig* übernommenen Abgaben, welche also nicht von der Produktion *bedingt* sind, z. B. private Unfallversicherungen, Pensionen und ähnliche Wohlfahrtseinrichtungen für Beamte und Arbeiter gehören zu den *Verkaufskosten*, denn sie können den Repräsentationskosten der Unternehmung hinzugerechnet werden, welche dazu angetan sind, das Ansehen der Unternehmung zu erhöhen, ihren guten Ruf zu verbreiten und auch hierdurch den Verkauf der Fabrikate zu erleichtern.

---

b) Die Wirtschaftlichkeit der Betriebsanlagen.

Die Wirtschaftlichkeit der Betriebsanlagen, d. h. die Möglichkeit, mit denselben unter geringstem Kostenaufwand die größte Produktivität zu erzielen, ist davon abhängig, daß die Betriebsanlagen *zweckmäßig*, *richtig angeordnet*, *vollständig* und in *gutem, brauchbarem Zustande* vorhanden sind.

Zweckmäßig ist eine jede Betriebsanlage, welche es ermöglicht, so billig zu produzieren, als es die am Standorte der Unternehmung vorhandenen Verhältnisse zulassen.

Unzweckmäßig ist dagegen eine jede Betriebsanlage, welche höhere Produktionskosten bedingt, als unter den betreffenden Verhältnissen notwendig wären.

So wird man zum Beispiel alle diejenigen Betriebsanlagen als unzweckmäßige bezeichnen müssen, welche zu groß angelegt sind und daher nicht voll ausgenutzt werden können.

Auch wird man z. B. häufig unzweckmäßige Betriebsanlagen dort finden, wo eine neue industrielle Unternehmung die Betriebsanlagen einer früheren, stillgelegten Unternehmung eines *anderen* Produktionszweiges übernommen hat.

In diesem Falle werden meistens nicht alle Forderungen für eine billige Produktion der neuen Unternehmung erfüllt werden können, weil die übernommenen Anlagen einen zu durchgreifenden Umbau nicht zulassen oder weil derselbe zu kostspielig sein würde. Man wird daher manche erwünschte neuere Einrichtung wegen der bereits vorhandenen Anlagen unterlassen müssen und zu versuchen haben, sich so gut als möglich in diesen alten Anlagen einzurichten. Dies wird indessen fast immer eine Erhöhung der laufenden Produktionskosten im Gefolge haben, sei es, weil die einzelnen Räume nicht zweckmäßig für den Fabrikationsgang der neuen Unternehmung zueinander liegen und dadurch auf die Dauer kostspielige Hin- und Hertransporte während des Fabrikationsganges erfordern, sei es, weil die mitübernommenen Kraftanlagen für die neue Produktion zu groß bzw. zu klein sind oder weil sie nicht die vielleicht erforderliche unmittelbare Wärmeentnahme für Fabrikationszwecke zulassen, sei es aus anderen ähnlichen Gründen mehr.

Ferner werden diejenigen Betriebsanlagen als unzweckmäßig zu bezeichnen sein, in welchen noch veraltete Maschinenkonstruktionen verwendet werden, die dazu nötigen, nach veralteten Methoden zu arbeiten.

Diese veralteten Methoden erfordern erfahrungsgemäß weit höhere Produktionskosten als die verbesserten, modernen Arbeitsmethoden, weil sie meistens einen größeren Kraftbedarf und Zeitaufwand verlangen und weil mancherlei Teilarbeiten bei ihnen noch durch menschliche Arbeitskräfte ausgeführt werden müssen, welche bei den neueren Arbeitsmethoden auf maschinellem Wege hergestellt werden[1]).

[1]) Hierauf weist auch *Utz, Ludwig, Moderne Fabrikanlagen*, Leipzig 1907, Seite 1, hin: „Unter einer ‚*modernen Fabrikanlage*‘ soll eine solche verstanden sein, die eine dem damaligen Stand der Technik entsprechende Ausführung des Baues und der Einrichtung besitzt, so daß letztere einen rationellen Betrieb zuläßt, bei vollkommenster Kraftausnutzung die höchste Leistungsfähigkeit der Fabriken ermöglicht und für die Sicherheit der Arbeiter gegen die Gefahren für Leben und Gesundheit im Fabrikbetriebe in jeder Beziehung sorgt.“

Als eine unzweckmäßige Betriebsanlage hat man gleicherweise auch eine solche anzusehen, in welcher noch ältere Dampfmaschinen und Dampfkesselanlagen verwendet werden, deren Kohlenverbrauch gegenüber den modernen Dampfkraftanlagen ein wesentlich größerer ist und daher die Produktionskosten erheblich erhöht.

Sowohl die Dampfkessel als auch die Kraftmaschinen neuester Konstruktion mit ihrer besseren Feuerung, Speisewasserreinigung und Verwertung der Abgase bzw. mit ihrer besseren Ausnützung der Wärme und der Verwertung des Abdampfes ergeben ungemein günstige Resultate für die Verbilligung der Krafterzeugung. Es werden daher alle diejenigen Unternehmungen, welche mit diesen neueren Kraftanlagen ausgerüstet sind, wesentlich niedrigere Produktionskosten haben als die unzweckmäßigerweise noch mit den älteren Maschinen ausgestatteten Unternehmungen.

Nicht zweckmäßig sind ferner auch solche Betriebsanlagen, bei welchen Unstimmigkeiten zwischen den einzelnen Teilen der Betriebsanlagen bestehen. Hierbei ist es an sich gleichgültig, ob diese Unstimmigkeiten vorhanden sind zwischen der Leistung der Betriebskraftanlage und dem Kraftbedarf der Arbeitsmaschinen oder zwischen den Transportmitteln innerhalb der Betriebsanlagen und dem Transportbedarf des Fabrikationsganges oder zwischen den einzelnen Gruppen der Arbeitsmaschinen.

Eine *jede* derartige Unstimmigkeit wird stets die Wirtschaftlichkeit der Betriebsanlagen beeinträchtigen, d. h. eine rasche gleichmäßige Produktion erschweren, die volle Ausnützung der Leistungsfähigkeit *aller* Teile der Betriebsanlagen verhindern und die Produktionskosten erhöhen. Ist doch eine *billige* Produktion nur dann möglich, wenn keinerlei Unstimmigkeiten zwischen den einzelnen Teilen der Betriebsanlagen vorhanden sind, d. h. wenn die *gesamten* Betriebsanlagen, also auch ihre *gesamten* maschinellen Einrichtungen bei vollkommenster Kraftausnutzung gleichzeitig bis an die Grenze ihrer normalen Leistungsfähigkeit angespannt werden können.

Gleichwie aber die Tragfähigkeit eines Balkens, welcher eine schadhafte Stelle hat, nicht größer ist, als diese schadhafte Stelle noch zu tragen vermag, so ist auch bei einer industriellen Unternehmung die Produktion nicht größer, als der *schwächste* Teil ihrer Betriebsanlagen zu leisten vermag.

Etwa vorhandene Unstimmigkeiten zwischen einzelnen Teilen der Betriebsanlagen werden daher meistens einen oder den anderen der in folgendem skizzierten Nachteile herbeiführen:

Die einzelnen Gruppen der Betriebsanlagen werden nicht voll ausgenützt, sondern nur so weit in Betrieb gehalten, als die Leistung der schwächsten Gruppe es ermöglicht. Die Produktion verteuert sich in diesem Falle zunächst durch die Verzinsung des in den brachliegenden Betriebsanlagen angelegten Kapitals, ferner durch die Kosten der Beaufsichtigung, Kontrolle, Instandhaltung und Gefahrenversicherung dieser stillgelegten Betriebsanlagen, sowie außerdem noch durch die Kosten der benötigten Betriebskraft, falls der brachliegende Teil der Betriebsanlagen nicht vollständig aus der Betriebskraft ausgeschaltet werden kann. Zudem bleiben die Kosten der Betriebsleitung, die Abgaben usw. die gleich hohen, gleichviel ob ein Teil der Betriebsanlagen brachliegt oder nicht. Sie belasten also die übrigen arbeitenden Betriebsanlagen mit einem höheren Unkostenkoeffizienten.

Um die Leistung des schwächsten Teiles der Betriebsanlagen zu ergänzen, wird das benötigte Halbfabrikat von einer anderen industriellen Unternehmung hinzugekauft. In diesem Falle verteuert sich die Produktion durch die Kosten der Heranschaffung des Ersatzmaterials und durch den höheren Preis desselben, welcher durch den Umstand bedingt wird, daß für das Ersatzmaterial der Unternehmergewinn der *fremden* Unternehmung mit bezahlt werden muß.

Der schwächste Teil der Betriebsanlagen wird, um seine quantitative Leistung zu erhöhen, zu einer längeren Arbeitsdauer herangezogen, d. h. es wird in diesem Teil der Betriebsanlagen mit Überstunden gearbeitet. In diesem Falle verteuert sich die Produktion einmal durch die schnellere Abnützung dieses Teiles der Betriebsanlagen im Verhältnis zu den übrigen Betriebsanlagen, welche nicht so andauernd in Anspruch genommen werden. Ferner verteuert sie sich auch durch die Mehrkosten, welche erfahrungsgemäß stets entstehen, wenn nur einzelne Teile der Betriebsanlagen mit Überstunden arbeiten. Für Überstunden müssen fast stets höhere Arbeitslöhne gezahlt werden als für die normale Arbeitszeit. Gleichfalls verursachen die Betriebskraftanlage, Heizung, Beleuchtung und ähnliche allgemeine Ausgaben, wenn nur Einzelteile der Betriebsanlagen in Betrieb bleiben, während der Überstunden verhältnismäßig größere Unkosten als während der normalen Arbeitszeit.

Der schwächste Teil der Betriebsanlagen wird während der normalen Arbeitszeit überangestrengt, um eine möglichst hohe Leistung mit ihm zu erzielen. In diesem Falle verteuert sich die Produktion durch die sehr schnelle Abnützung des betreffenden Teiles der Betriebsanlagen.

Um die Leistung des schwächsten Teiles der Betriebsanlagen quantitativ zu erhöhen, wird die Arbeit in demselben nicht so sorgfältig ausgeführt, wie es unter normalen Umständen der Fall sein würde, bzw. wird die Fabrikation in diesem schwächsten Teil der Betriebsanlagen in untunlicher Weise beschleunigt. In diesem Falle ist das Resultat eine Verschlechterung der *Qualität* des Fabrikates. Die Produktion verteuert sich dadurch, weil mit dem gleichen Kostenaufwand, welchen eine bessere Qualität erfordern würde, nunmehr ein geringwertigeres Fabrikat hergestellt wird. Auch verteuert sich die Produktion außerdem noch erheblich dadurch, daß in diesem Falle viel Ausschußware entsteht, welche überhaupt nicht oder doch nur zu einem verlustlassenden Preise verkauft werden kann. Muß doch der an dieser Ausschußware entstehende Verlust von der übrigen Produktion getragen werden, was gleichbedeutend mit einer Erhöhung der Produktionskosten ist.

Besteht die Unstimmigkeit zwischen der Kraftmaschinenanlage und dem Kraftbedarf der Arbeitsmaschinen, dann wird in jedem Falle, d. h. gleichviel ob die Kraftmaschinenanlage zu groß oder zu klein ist, ein verhältnismäßig größerer Verbrauch an Krafterzeugungsmaterial, wie Kohlen usw., eintreten als unter normalen Verhältnissen, und es wird hierdurch die Produktion verteuert werden. Besonders wird dies der Fall sein, wenn die Kraftmaschinenanlage zu klein ist, da man dann leicht geneigt ist, sie über ihre normale Leistungsfähigkeit anzuspannen, um möglichst viele der Arbeitsmaschinen zu betreiben. Eine weitere Folge hiervon ist dann in diesem Falle auch noch eine schnellere Abnützung der Kraftmaschinenanlage als bei normalem Betriebsgange.

Als unzweckmäßig wird man es auch anzusehen haben, wenn nicht bereits bei der Einrichtung der Betriebsanlagen eine eventuelle spätere Vergrößerung derselben vorgesehen und auch der hierfür nötige Platz gesichert wurde. Ist dies unterlasen worden, und macht sich dennoch später eine Vergrößerung der Betriebsanlagen notwendig, dann kann es leicht geschehen, daß der hierzu erforderliche Platz mangelt, und daß infolgedessen die Vergrößerung nur unter großen

Opfern an Geld für die nachträgliche Beschaffung des benötigten Platzes erfolgen kann. Es kann dann aber auch geschehen, daß die vorhandenen Betriebsanlagen bereits derartig angeordnet und gebaut sind, daß eine wirtschaftlich günstige Vergrößerung derselben entweder ganz unmöglich oder doch nur unter Aufwendung besonders hoher Opfer möglich ist.

Zu einer *zweckmäßig* angelegten Betriebsanlage gehört schließlich auch, daß die Sicherheitsvorrichtungen für das Leben und die Gesundheit der in dem Betriebe beschäftigten Personen so angelegt sind, daß sie einen jeden Unfall — wenn möglich — vollständig ausschließen. Es ist zu berücksichtigen, daß, außer der selbstverständlichen moralischen und gesetzlichen Verpflichtung des Unternehmers, die Arbeitnehmer vor Unfällen nach Möglichkeit zu schützen, ein jeder Betriebsunfall auch mit einer Störung des Betriebes verbunden ist, welche die Produktionskosten — wenn auch nur vorübergehend — erhöht.

Die Betriebsanlagen müssen ferner, wenn die Produktion so billig als möglich erfolgen soll, auch richtig zueinander angeordnet sein.

Zu einer richtigen Anordnung der Betriebsanlagen gehört in erster Linie, daß alle innerhalb derselben für den Fabrikationsgang nötigen Transporte derart ausgeführt werden können, daß die betreffenden zu transportierenden Stücke denselben Weg nur *einmal* zurückzulegen haben.

Jeder unnötige Transport des Rohmaterials, der einzelnen Arbeitsstücke und der Betriebsmaterialien innerhalb der Betriebsanlagen verteuert die Produktion.

Man hat daher darauf zu achten, daß im besonderen das Rohmaterial, von seinem Eintritt in die Betriebsstätten an bis zu dem Augenblick, da es zum fertigen Fabrikat umgewandelt die Betriebsstätten wieder verläßt, einen Weg nimmt, welcher dem Fabrikationsgange entspricht, zugleich der kürzeste Weg von Station zu Station des Fabrikationsganges ist und keinerlei Hin- und Hertransporte erfordert[1]).

Auch müssen die Betriebsanlagen, wenn sie als richtig angeordnete gelten sollen, für die Leitung des Betriebes übersichtlich an-

[1]) Auch *Utz, Ludwig*, Moderne Fabrikanlagen, Leipzig 1907, Seite 2, hebt dies besonders hervor: „Der Rohstoff muß von seinem Eintritt in den ersten Fabrikationsraum an bis zu seiner Vollendungsstelle, wo er als fertiges Fabrikat die Fabrik verläßt, einen möglichst kleinen Weg zurückzulegen haben."

gelegt sein. Die einzelnen Werkstätten müssen dem Fabrikationsgange entsprechend sich aneinanderschließen, diejenigen Räume, in welchen an Gewicht schwere Stücke bearbeitet werden, sich zu ebener Erde befinden, und die Materialien- und Werkzeugausgaben in unmittelbarer Nähe derjenigen Werkstätten errichtet sein, von welchen sie am häufigsten in Anspruch genommen werden.

Vollständig sind die Betriebsanlagen, wenn sie es ermöglichen, daß die gesamten, zur Herstellung der Fabrikate der industriellen Unternehmung notwendigen Arbeiten in deren Betriebsstätten und vermittels ihrer maschinellen Einrichtungen in der billigsten Weise ausgeführt werden können.

Häufig ist dies nicht der Fall. Vielmehr werden oft einzelne Teilarbeiten zwecks ihrer Herstellung an andere, entweder hierfür besonders eingerichtete oder doch wenigstens besser eingerichtete industrielle Unternehmungen vergeben. Beispielsweise tritt dieser Fall ein bei Maschinenfabriken, welche keine eigene Gießerei haben und infolgedessen genötigt sind, ihren Bedarf an Gußstücken bei fremden Gießereien zu decken.

Fast ebenso häufig findet man auch bei Maschinenfabriken, welche den Bau von Spezialmaschinen übernehmen, daß sie für die Anfertigung einzelner Teile dieser Spezialmaschinen, z. B. für das Abdrehen von besonders langen und starken Wellen, nicht eingerichtet sind und daher mit der Anfertigung dieser Teilarbeiten regelmäßig eine andere, besser eingerichtete Maschinenfabrik beauftragen müssen.

Derartige von fremden Unternehmungen herzustellende Arbeiten stellen sich naturgemäß unmittelbar teurer als die im eigenen Betriebe ausgeführten Arbeiten, einmal wegen der notwendigen Transportkosten von der fremden Fabrik bis zu der eigenen Fabrik, und dann auch im besonderen wegen des Unternehmergewinnes, welchen die fremde Unternehmung berechtigterweise in den Preis dieser Arbeiten für sich einrechnet.

Aber auch mittelbar können diese in fremden Unternehmungen herzustellenden Teilarbeiten die eigene Produktion verteuern, so z. B. wenn die betreffende fremde Unternehmung nicht die in Aussicht genommene Lieferzeit einhält. Hieraus ergeben sich unliebsame Verzögerungen in der eigenen Produktion, welche unter Umständen bis zum Eintreffen der auswärts bestellten Teilarbeiten ganz unterbrochen werden muß. Auch kann es z. B. geschehen, daß die von auswärts bezogenen Stücke nicht fehlerfrei gearbeitet sind und Nacharbeiten an denselben erfordern.

Diese und ähnliche Fälle sind dann stets mit Ausgaben verknüpft, welche die Produktionskosten erhöhen, für welche aber dennoch ein Ersatz von der betreffenden fremden Unternehmung nicht immer erlangt werden kann.

Daß schließlich auch alle Betriebsanlagen und Betriebsmittel sich *in einem guten brauchbaren Zustande* befinden müssen, wenn die Produktion nicht aufgehalten und dadurch verteuert werden soll, ist so selbstverständlich, daß es hier wohl nur des einfachen Hinweises auch auf diesen Umstand bedarf.

Dabei ist zu berücksichtigen, daß die ständige Kontrolle der Betriebsmittel und die schnelle Beseitigung im Entstehen begriffener Mängel sich billiger stellt und daher die unumgänglich notwendigen Produktionskosten weniger erhöht als die spätere Beseitigung von Mängeln, die sich bereits zu größeren Schäden ausgebildet haben. Ist erst eine größere Beschädigung eines Betriebsmittels eingetreten, dann beansprucht die Beseitigung derselben nicht nur eine längere Zeit, sondern in vielen Fällen auch eine Stilllegung des betreffenden Betriebsmittels für die Dauer seiner Wiederinstandsetzung. Es tritt also eine entsprechende Verringerung der Produktion ein, die in einer Erhöhung der Produktionskosten der industriellen Unternehmung zum Ausdruck kommt, weil trotz der verringerten Produktion die allgemeinen Betriebs- und Verwaltungskosten in dem bisherigen Umfange weiter aufgewendet werden müssen.

Gleichfalls selbstverständlich ist ferner, daß bei dem Betriebe der an und für sich in einem guten brauchbaren Zustande befindlichen Betriebsanlagen keine Fehler begangen werden, welche die Kosten der Produktion erhöhen.

Derartigen Betriebsfehlern begegnet man z. B. nicht gar zu selten bei Dampfkesseln sowie auch bei Brennöfen, indem die Feuerung nicht richtig geleitet und kontrolliert wird. Hierdurch entsteht ein größerer Verbrauch an Feuerungsmaterial, als für die erforderliche Leistung notwendig wäre, und infolgedessen auch eine Erhöhung der Produktionskosten.

Bei Brennöfen, z. B. in Porzellanfabriken, Ziegeleien und ähnlichen Betrieben mehr, hat die mangelhafte Kontrolle der

Feuerung bzw. der Wärmeleitung in den Brennöfen außerdem auch noch die unangenehme Folge, daß viel Ausschußware entsteht, wodurch ebenfalls die Produktion verteuert wird.

Weitere Betriebsfehler werden oft auch bei der Vorbereitung des Rohmaterials gemacht, indem die Reinigung oder die Mischung desselben nicht sorgfältig genug geschieht, so daß auch derjenige Teil des Betriebsanlagen, welchem die Zurichtung des Rohmaterials obliegt, seine Leistung nicht voll entfalten kann. Die Folge hiervon ist, daß die Qualität des Fabrikates eine minderwertigere wird. Auch dieses ist gleichbedeutend mit einer Erhöhung der Produktionskosten, denn es ist nicht etwa dasselbe, ob bei gleich hohen Produktionskosten ein Fabrikat von besserer oder geringerer Qualität hergestellt wird.

Der Verkaufspreis des Fabrikates von geringerer Qualität muß nach dem Gesetze der Wirtschaftlichkeit niedriger sein als der Verkaufspreis für die bessere Qualität. Es wird daher auch, bei gleich hohen Produktionskosten für beide Qualitäten, das Verhältnis der Produktionskosten zum Verkaufserlös um so ungünstiger sein, je weniger die Leistungsfähigkeit der Betriebsanlagen richtig ausgenützt wird und je mehr infolgedessen die Qualität des hergestellten Fabrikates sinkt.

c) Die Produktivität der Betriebsanlagen[1]).

Eine der Hauptaufgaben der fachmännischen Beurteilung des Wertes einer industriellen Unternehmung ist die Feststellung der

---

[1]) Über den Begriff „Produktivität" gehen in der nationalökonomischen Literatur die Meinungen zur Zeit noch auseinander. Sehr eingehend hat über diesen Begriff *Roscher, Wilhelm,* in seinem „System der Volkswirtschaft", Band 1 der „Grundlagen der Nationalökonomie", 25. Auflage, Stuttgart und Berlin 1918, geschrieben.

Philippovich, Eugen v., sagt in seinem „Grundriß der Politischen Ökonomie", 1. Band, 13. Auflage, Tübingen 1919, Seite 137:

„Produktivität ist sachliche Ergiebigkeit der Produktion, Rentabilität die Ergiebigkeit des Erwerbes. Die beiden Tatsachen brauchen nicht in Übereinstimmung zu stehen. Ein schlechter Ernteausfall ist das Ergebnis geringerer Produktivität. Sind die Preise aber im Verhältnis der Ertragsminderung gestiegen, so ist die Rentabilität des Gutes, alle übrigen Bedingungen gleichgesetzt, dieselbe geblieben."

Liefmann, R., „Grundlagen einer ökonomischen Produktivitätstheorie" (Jahrbücher für Nationalökonomie und Statistik, 3. Folge, Band 43, Jena 1912), Seite 277 und 283, hebt hervor:

produktiven *Leistungsmöglichkeit* der industriellen Unternehmung nach Quantität und Qualität ihrer Fabrikate, d. h. ihrer Produktivität[2]).

Diese Feststellung hat einen doppelten Zweck. Einmal soll durch sie ermittelt werden, wie groß die normale Leistung der einzelnen Maschinen und der maschinellen Einrichtungen, wie Transportbahnen, Kühlvorrichtungen, Brennöfen usw. während einer bestimmten Arbeitsperiode ist. *Dann aber sollen diese Leistungen auch gegeneinander gewertet und untersucht werden, ob keine Unstimmigkeiten zwischen den einzelnen Maschinen und maschinellen Einrichtungen bestehen, welche die Produktion beeinträchtigen oder zeitweise ganz lahmlegen.*

Man kann nun den Fabrikationsgang einer jeden industriellen Unternehmung in mehrere Gruppen einteilen, welche eine jede für sich einen abgeschlossenen Teil der Fabrikation bilden.

Diese Teilung geht unter Umständen so weit, daß man einzelne Gruppen als einen in sich abgeschlossenen Einzelbetrieb ansehen und auch für sich betreiben kann.

Geschieht dieses in Wirklichkeit, dann wird die Produktion des Einzelbetriebes entweder ein Halbfabrikat sein, welches von an-

---

„. . . daß man mit dem Ausdruck Produktivität sehr verschiedene wissenschaftliche Probleme bezeichnen kann und tatsächlich darunter verstanden hat."

„. . . An erster Stelle ist darauf aufmerksam zu machen, daß der Ausdruck ‚Produktivität' im Gegensatz zu ‚Produktion' ein Relationsbegriff ist. . . . Er enthält einen *Vergleich.*"

Auch *Wolf, Julius*, „Die Volkswirtschaft der Gegenwart und Zukunft", Leipzig, 1912, Seite 56, betont dies besonders, indem er sagt:

„Produktion und Produktivität sind sehr verschiedene Dinge."

Ohne nun einen neuen Begriff der Produktivität in den Streit der Meinungen hineintragen zu wollen, hat der Verfasser der vorliegenden Arbeit für die Bezeichnung der *Leistungsmöglichkeit* der industriellen Unternehmung nach Quantität *und* Qualität ihrer Fabrikate den Ausdruck „Produktivität" gewählt.

[2]) *Gottl-Ottlilienfeld, Friedrich von*, „Der wirtschaftliche Charakter der technischen Arbeit", Berlin 1910, Seite 32, spricht von dem Bestreben, die höchste Leistungsmöglichkeit der industriellen Unternehmung zu erreichen, als von dem Prinzip der *höchsten Ausbeute* und sagt:

„Höchste Ausbeute gibt es nicht bloß von Stoffen, etwa im Sinne der ‚Ausbringung', sondern auch von Kräften, wohin z. B. die Verwendung der Turbine an Stelle des Wasserrades geht. Aber höchste Ausbeute auch der Geräte und Einrichtungen! In der Tat, das wirtschaftlich so bedeutsame Streben, die Arbeit so zu gestalten, daß inmitten ihres Vollzuges die Werkzeuge, Maschinen, Räume usw. möglichst wenig ruhen, ‚totliegen', daß man vielmehr das Tempo der Arbeit beschleunigt, um innerhalb des gleichen Zeitraumes jene Arbeitsbehelfe öfters als bisher zu verwenden — es geht restlos in diesem Prinzipe auf."

deren Unternehmungen als Rohmaterial benutzt und weiter verarbeitet wird, oder es wird eine Unternehmung sein, welche Halbfabrikate als ihr Rohmaterial bezieht und zu Fertigfabrikaten weiter verarbeitet.

Als ein Beispiel derartiger Einzelbetriebe für die Erzeugung von Halbfabrikaten können die Eisengießereien dienen, weil sie nur Gußstücke herstellen, welche erst in den Maschinenfabriken zu dem Fertigfabrikat weiter bearbeitet werden müssen. Ein anderes Beispiel, und zwar für die Weiterverarbeitung von Halbfabrikaten, wären die Möbelfabriken, welche als Rohmaterial die von den Sägemühlen bereits zugerichteten Bretter verwenden.

Aber selbst in diesen Einzelbetrieben wird man noch weiter spezialisieren und wieder einzelne Arbeits- und Maschinengruppen für sich zusammenfassen können, welche in einem richtigen Verhältnis zueinander stehen müssen, wenn die Produktion so rasch als möglich und zugleich so billig als möglich vor sich gehen soll.

Dieses Zusammenfassen wird man bei einer jeden industriellen Unternehmung am besten derart vornehmen, daß man diejenigen Maschinen und maschinellen Einrichtungen, welche der Zurichtung des Rohmaterials dienen, als „Vorbereitungsmaschinen“ zu einer ersten Gruppe zusammenfaßt.

Die zweite Gruppe, und zwar die Hauptgruppe, welche auch die Grundlage für die Feststellung der produktiven Leistung der Betriebsanlagen bildet, sind dann die eigentlichen „Fabrikationsmaschinen“, d. h. diejenigen Maschinen, welche dem Fabrikat seine Art oder seine Form geben, es also in der Hauptsache fertigstellen.

Die dritte Gruppe kann dann weiter aus den „Nachbearbeitungsmaschinen“ gebildet werden, d. h. aus denjenigen Maschinen, welche für die Nachbearbeitung des in der Hauptsache bereits fertiggestellten Fabrikates notwendig sind, um ihm sozusagen den letzten Schliff für den Verkauf zu geben.

Je nach den Umständen wird man bei einzelnen industriellen Unternehmungen noch weiter spezialisieren und noch andere einzelne Gruppen bilden können.

Um die vorerwähnte Gruppenbildung besser zu veranschaulichen, seien hier folgend einige Beispiele aus den Betriebsanlagen verschiedener Produktionszweige angeführt:

In den *Ziegeleien* muß das Rohmaterial, der Ton, entsprechend vorbereitet werden, ehe er von den Ziegelpressen zu Mauersteinen geformt werden kann. Diese Vorbereitung geschieht, abgesehen von dem Sumpfen und Schlämmen des Tons auf den Halden, im besonderen durch Kugelmühlen, Kollergänge und Walzwerke, welche die in dem Ton enthaltenen groben Verunreinigungen, wie kleinere Steine, Gipsstücke usw., zerkleinern und gleichmäßig über die Masse verteilen. Die vorgenannten Kugelmühlen, Kollergänge, Walzwerke usw. würden also die Gruppe der „Vorbereitungsmaschinen" bilden.

Von diesen „Vorbereitungsmaschinen" gelangt alsdann die zugerichtete Masse zu der zweiten Gruppe, den eigentlichen „Fabrikationsmaschinen". Dies sind die Ziegelpressen, welche die Tonmasse kneten und aus ihr die Ziegelsteine formen.

Die auf den Ziegelpressen geformten Ziegelsteine müssen alsdann noch einer „Nachbearbeitung" unterzogen werden, ehe sie als Fertigfabrikat verkauft werden können. Diese Nachbearbeitung besteht zunächst in dem Trocknen der Steine vermittels der Trockeneinrichtungen und dann weiter in dem Brennen derselben in den Ziegelbrennöfen. Die Trockeneinrichtungen würden also die dritte und die Brennöfen die vierte Gruppe bilden.

Bei der *Papierfabrikation* muß das Rohmaterial, die Lumpen, Hadern usw., zunächst durch Kochen, Waschen und Mahlen auf den „Vorbereitungsmaschinen", im besonderen auf den als erste Gruppe zusammenzufassenden Hadernschneidern, Wölfen, Kochern, Holländern, Rührkufen usw., zu der Papiermasse, aus welcher das Papier hergestellt wird, zugerichtet werden.

Die Herstellung des Papieres geschieht alsdann auf den eigentlichen „Fabrikationsmaschinen", den Papiermaschinen, welche die zweite Gruppe bilden.

Das von den Papiermaschinen kommende Fabrikat, das Papier, muß dann noch auf den „Nachbearbeitungsmaschinen", der dritten Gruppe, welche sich aus den Satiniermaschinen, Pressen, Schneidemaschinen, Falzmaschinen usw. zusammensetzt, durch Glätten des Papiers, Beschneiden der Kanten, Falzen usw. den letzten Schliff für den Verkauf erhalten.

In der *Textilindustrie* findet man häufig große Unternehmungen, z. B. große Leinenwebereien, welche Spinnerei und Weberei in einem Betriebe vereinigt haben. Ebenso häufig trifft man aber auch Unternehmungen an, welche reine Spinnereien oder reine Webereien sind. Ersteres sind z. B. die Nähfadenfabriken und letzteres die Tuchfabriken, wenn diese als Rohmaterial die bereits fertigen Garne beziehen, um sie zu Tuchen zu weben.

Gleichviel, ob es sich nun um solche Gesamtbetriebe oder um Einzelbetriebe handelt, wird man die betreffenden Betriebsanlagen in einzelne Hauptgruppen trennen können.

Diese lassen sich bilden aus den „Vorbereitungsmaschinen" für die Zurichtung des Rohmaterials, aus den „Fabrikationsmaschinen" den Spinnereimaschinen bzw. den Webereimaschinen und aus den „Nachbearbeitungsmaschinen", den Appreturmaschinen.

Jede dieser Hauptgruppen kann man dann wieder in Untergruppen teilen, deren Arbeitsleistung gleichfalls keine Unstimmig keiten untereinander aufweisen darf, wenn eine Verteuerung der Produktion vermieden werden soll.

So kommen als Gruppe der „Vorbereitungsmaschinen" für die Spinnerei im besonderen die Wölfe, Krempel und Strecken in Betracht.

Die Gruppe der eigentlichen „Fabrikationsmaschinen" in der Spinnerei bilden dann die Vorspinnmaschinen und die Feinspinnmaschinen.

Als „Nachbearbeitungsmaschinen" können weiter in der Spinnerei die Zwirnmaschinen und die Spulmaschinen usw. zu einer dritten Gruppe, und die Appreturmaschinen zu einer vierten Gruppe zusammengefaßt werden.

In der Weberei wird die Gruppe der „Vorbereitungsmaschinen", welche die Kette und den Einschlag zurichten, durch die Spulmaschinen, Kettenschermaschinen, Schlicht- und Aufbäummaschinen usw. gebildet.

Die eigentlichen „Fabrikationsmaschinen", welche die zweite Gruppe bilden, sind die Webstühle.

Die dritte Gruppe der „Nachbearbeitungsmaschinen" setzt sich dann aus den Appreturmaschinen, d. h. aus den Waschmaschinen, Walkmaschinen, Rauhmaschinen, Schermaschinen, Bürsten, Pressen usw., zusammen, welche das gewebte Fabrikat durch Appretieren und Dekatieren für den Verkauf fertigstellen.

Die *Bierfabrikation* wiederum kann man in die folgenden Hauptgruppen zerlegen, deren Leistungen gleichfalls in richtigem Verhältnis zueinander stehen müssen: das Mälzen, die Würzebereitung, die Gärung sowie die Aufbewahrung und Behandlung des Bieres.

Zunächst wird die Gerste durch Putzen, Sortieren, Waschen und Einweichen unter Verwendung hierzu geeigneter „Vorbereitungsmaschinen“ und maschineller Vorrichtungen vorbereitet.

Das Mälzen oder die Verwandlung der Gerste in Malz, d. h. die Zurichtung des Rohmaterials, geschieht je nach der moderneren oder älteren Einrichtung der betreffenden Mälzerei, entweder in der Trommelmälzerei oder der Kastenmälzerei oder der mechanischen Tennenmälzerei oder auf den Mälztennen und den Darren.

Die Würzebereitung aus dem Malz erfolgt alsdann, nachdem vorher das Malz auf den Schrotmühlen geschrotet worden ist, in dem Sudhause auf den eigentlichen „Fabrikationsmaschinen“ durch Maischen, Abläutern und Würzekochen, und zwar vornehmlich vermittels der Maischbottiche, Maischpfannen, Läuterbottiche und Würzepfannen.

Zwecks „Nachbearbeitung“ des in dem Sudhause hergestellten Fabrikates gelangt letzteres über die Kühlapparate alsdann in den Gärkeller in die Gärbottiche und darauf in den Lagerkeller in die Lagerfässer. Ihren Abschluß findet die „Nachbearbeitung“ in dem Fertigmachen des Bieres für den Verkauf durch Filtern, Abfüllen des Bieres auf Fässer und Flaschen und Pasteurisieren.

Bei allen diesen verschiedenen Perioden der „Vorbereitung, Fabrikation und Nachbearbeitung“ müssen die Leistungen der betreffenden maschinellen Vorrichtungen, z. B. die Braupfannen, die Kühlschiffe und Kühlapparate, die Zahl und Größe der erforderlichen Gärbottiche und der Lagerfässer, die Filterpressen, Faß- und Flaschenfüllapparate usw., ferner auch die Leistung der Kühlmaschine, durch welche die Temperatur in den Gär- und Lagerkellern herabgesetzt wird, auch im einzelnen im richtigen Verhältnis zueinander stehen.

Bei der Produktion einer jeden industriellen Unternehmung kommt ferner, wie auch bereits in dem vorangegangenen Kapitel erwähnt, die Betriebskraftanlage in Betracht, welche ebenfalls im richtigen Verhältnis zu den gesamten Arbeitsmaschinen stehen muß, wenn anders nicht die Produktion verteuert werden soll. Die Betriebskraftanlage bildet somit bei allen Fabrikbetrieben eine Gruppe für sich.

Wie schon aus den wenigen vorstehend angeführten Beispielen hervorgeht, kann man in allen Produktionen die Betriebsanlagen in Einzelgruppen zerlegen, welche keine Unstimmigkeiten zwischen einander aufweisen dürfen, wenn anders nicht die Produktion behindert und verteuert werden soll.

In den vorerwähnten Beispielen wird nun das Rohmaterial auf einer jeden Station des Fabrikationsganges automatisch durch die maschinellen Einrichtungen weiter bearbeitet, bis es als Fertigfabrikat die letzte Station verläßt[1]). Dementsprechend lassen sich auch die verschiedenen Gruppen der „Vorbereitung", der „eigentlichen Fabrikation" und der „Nachbearbeitung" bilden.

Eine Ausnahme hiervon machen *anscheinend* diejenigen Produktionen, bei welchen die Bearbeitung des Rohmaterials nicht automatisch vor sich geht, sondern die Herstellung des Fabrikates durch menschliche Arbeitstätigkeit erfolgt. Die dennoch hierbei benutzten Maschinen, wie Drehbänke, Hobelmaschinen, Bohrmaschinen, Sägemaschinen, Stanzen usw., bilden gewissermaßen nur die verbesserten Handwerkszeuge des einzelnen Arbeiters, auch wenn sie ihre eigentliche Arbeit automatisch verrichten. Muß doch ein jedes einzelne Werkstück, welches bearbeitet werden soll, erst in die Maschine eingeführt bzw. eingespannt werden, und meistens muß die Maschine auch für die an dem Werkstück vorzunehmende Arbeit von dem Arbeiter erst passend eingestellt und während der Arbeit bedient werden.

Diese Produktionen sind vornehmlich aus dem Handwerk der Schlosser, Tischler, Klempner, Gerber usw. hervorgegangen. Sie sind dadurch gekennzeichnet, daß sie kein einheitliches Fabrikat herstellen, sondern je nach Bedarf Einzelfabrikate in verschiedener Ausführung. Im besonderen handelt es sich hierbei um Maschinenfabriken, Möbelfabriken, Blechwarenfabriken, Lederwarenfabriken und ähnliche Fabrikbetriebe mehr.

---

[1]) *Lewin, C. M.*, „Theorie und Praxis der industriellen Selbstkostenberechnung", Leipzig 1909, Seite 15, sagt hierüber:

„Das *Ideal* eines jeden *Arbeitsprozesses* ist zweifellos der *ununterbrochene* Arbeitsvorgang, bei welchem auch leicht ein Ausbau nach der Richtung erzielt werden kann, daß der Betrieb zu einem *automatisch arbeitenden* umgestaltet wird. Diese selbsttätige Art der Prozesse ist auch vom wirtschaftlichen Standpunkt aus die idealste, und deren Einführung wird überall dort angestrebt und möglich, wo die *höheren Kosten* der Einrichtung durch entsprechende *ständige Beschäftigung* und Massenfabrikation *kompensiert* werden können."

Jedoch auch in diesen Fabriken wird man die Einzelteile der Betriebsanlagen zu Gruppen zusammenfassen können, deren Leistungen miteinander übereinstimmen müssen, wenn keine Zeit- und Arbeitsverluste bei der Produktion eintreten sollen.

Als solche Einzelgruppen wird man z. B. bei der Maschinenfabrikation die Gießerei, die Dreherei und Schlosserei, die Hobelei und Fräserei, die Montagewerkstätten usw. annehmen können.

In ähnlicher Weise wird man auch eine jede andere derartige Produktion in einzelne Arbeitsgruppen zerlegen können.

In dem vorangegangenen Kapitel ist bereits ausgeführt worden, daß die Wirtschaftlichkeit der Betriebsanlagen, d. h. die Höhe der durch sie beeinflußten Produktionskosten, schädlich beeinflußt wird durch etwa vorhandene Unstimmigkeiten zwischen den einzelnen Teilen der Betriebsanlagen. Den gleichen schädlichen Einfluß üben derartige Unstimmigkeiten auch auf die Produktivität der Betriebsanlagen, d. h. auf deren quantitative und qualitative Leistung, aus.

Es ist ohne weiteres klar, daß die eigentlichen „Fabrikationsmaschinen" ihre Leistung nicht voll entfalten können, wenn die „Vorbereitungsmaschinen" nicht genügen, um ihnen die für ihre volle Leistung benötigte Quantität an zugerichtetem Rohmaterial heranzuschaffen.

Entweder werden in diesem Falle einzelne „Fabrikationsmaschinen" ausgeschaltet werden müssen, also stilliegen, oder die „Vorbereitungsmaschinen" werden mit Überstunden arbeiten müssen, um die benötigte Menge Fabrikationsmaterial zu erzeugen. In beiden Fällen wird dadurch die Produktion verteuert.

Umgekehrt wird die Leistung der „Vorbereitungsmaschinen" nicht voll ausgenützt werden können, wenn die Leistung der „Fabrikationsmaschinen" nicht groß genug ist, um das von den „Vorbereitungsmaschinen" kommende und von diesen zugerichtete Rohmaterial zu dem Fabrikate weiter zu verarbeiten.

Das gleiche ist der Fall bei den „Nachbearbeitungsmaschinen". Sind diese nicht in einer genügenden Leistungsfähigkeit vorhanden, so kann die Arbeitsleistung der „Vorbereitungsmaschinen" und der „Fabrikationsmaschinen" nicht voll ausgenützt werden, weil die „Nachbearbeitungsmaschinen" nicht imstande sind, das gefertigte Fabrikat *rechtzeitig* für den Verkauf fertig zu machen.

Dieselben Verhältnisse ergeben sich ferner, wenn die vorhandenen Transportmittel für den Fabrikationsgang oder die Betriebskraftanlage Unstimmigkeiten mit den Arbeitsmaschinen aufweisen.

Das Mittel, um Unstimmigkeiten zwischen den einzelnen Teilen der Betriebsanlagen herauszufinden, gibt die Feststellung ihrer produktiven Leistung im einzelnen.

Die derart ermittelten einzelnen Leistungsergebnisse bilden alsdann die Unterlagen für die Berechnung der Leistungsmöglichkeit der gesamten Betriebsanlagen, d. h. für die Produktivität der industriellen Unternehmung.

Die einzelnen Unterlagen bei dieser Berechnung werden je nach der Art der betreffenden Produktion verschiedene sein. Die Berechnung selbst wird aber ihrem Wesen nach stets die gleiche sein, weil sie darauf beruht, bei einer jeden Produktion die produktive Leistung der einzelnen Arbeitsgruppen in dem Fabrikationsgange zu ermitteln und das Verhältnis der Leistungen dieser einzelnen Arbeitsgruppen zueinander festzustellen.

Wie eine derartige Berechnung vorgenommen werden kann, und welche beachtenswerten Nachweise ihre Resultate ergeben, sei an dem hier folgenden, der Praxis entnommenen Beispiel gezeigt.

Es handelt sich bei diesem Beispiel um eine Ziegelei[1]), in welcher ausschließlich Mauersteine normalen Formats hergestellt werden. Je nach dem Ausfall der Steine bei der Produktion, d. h. je nachdem die Steine äußere Beschädigungen, wie Abstoßungen, Risse usw. aufweisen, oder je nachdem das Brennen der Steine in dem Ringofen mehr oder minder gut gelungen ist, werden sie für den Verkauf in Mauersteine erster, zweiter und dritter Sorte sortiert, deren Verkaufspreise entsprechend verschieden sind. Steine, welche bei

[1]) Das Beispiel entstammt der Praxis des Verfassers, nur sind in demselben, der Diskretion wegen, einige Abänderungen vorgenommen worden, welche jedoch die Ausführung als Beispiel nicht beeinflussen. Dem von dem Verfasser eingeforderten Gutachten war die Aufgabe gestellt, die Ursachen zu ermitteln, welche zu den ungewöhnlich hohen Produktionskosten Anlaß gaben und es verhinderten, daß die Unternehmung mit Gewinn arbeitete. Wie die vorher von anderer Seite bereits erfolgte kaufmännische Begutachtung ergeben hatte, war die Unternehmung an sich unter gesunden Vorbedingungen errichtet und die Verwaltung sowie die kaufmänische Organisation tadellos. Die Verkaufspreise wurden von einer Verkaufsvereinigung, welche von den gesamten gleichartigen Unternehmungen des betreffenden Bezirkes gebildet worden war, geregelt.

Wenngleich es der Leitung der Unternehmung nicht entgangen war, daß Unstimmigkeiten zwischen den einzelnen Teilen der Betriebsanlagen bestanden, z. B. „daß die Trockenanlagen nicht recht ausreichten", glaubte sie dennoch diesem der Produktion zerbrechen oder welche nicht mehr den an die dritte Sorte zu stellenden Ansprüchen genügen, sind Ausschuß und können nur noch zu einem ganz niedrigen Verkaufspreise, welcher weit unter ihren Gestehungskosten liegt, als Wegebaumaterial verkauft werden.

Da die verschiedenen Steinsorten sich nur durch äußere Fehler unterscheiden, welche erst durch Unachtsamkeiten bei der Produktion entstehen, so sind die Kosten der Produktion in dem vorliegenden Falle genau die gleichen, gleichviel ob nur Steine erster, zweiter oder dritter Sorte erzeugt werden.

Es liegt daher selbstverständlich im Interesse der Unternehmung, bei der Produktion möglichst viele Steine der besseren Sorten zu erzielen, weil für diese höhere Verkaufspreise erzielt werden als für die Steine der geringeren Sorten.

Als Rohmaterialien bedarf die betreffende Ziegelei nur Ton und Sand.

Die Ziegelei besitzt eine eigene, von ihr 2,6 km entfernt gelegene Tongrube, aus welcher sie den Ton und auch den benötigten Sand auf die dicht bei dem Fabrikgebäude gelegenen Tonhalden schafft. Der Herantransport der Rohmaterialien geschieht auf einer schmalspurigen Feldbahn mit Pferdebetrieb von ausreichender Leistungsfähigkeit in eigener Regie.

Die angestellten Ermittelungen, welchen bereits früher von einwandfreier Seite ausgeführte Bohrversuche zugrunde lagen, ergaben, daß die Rohmaterialien in der Tongrube in genügenden Quantitäten vorhanden seien, um den Betrieb der Ziegelei in seinem gegenwärtigen Umfange noch auf 40—45 Jahre sicherzustellen.

Umstande kein großes Gewicht beimessen zu sollen. Ihrer Ansicht nach lag der Grund für den Mißerfolg der Unternehmung in der Qualität des Rohmaterials, des Tons, aus welchem angeblich kein gutes Fabrikat, sondern nur minderwertige Ware hergestellt werden konnte. Unterstützt wurde die Leitung in dieser irrigen Meinung durch den Ziegelmeister, welcher nur darauf bedacht war, eine möglichst große *Quantität* Mauersteine herzustellen. Da die erzeugte minderwertige Ware selbstverständlich auch einen niedrigeren Verkaufspreis hatte, ergab sich ein sehr ungünstiges Verhältnis zwischen den Produktionskosten und dem Verkaufserlös.

Durch die fachmännische Begutachtung wurden, außer einigen anderen Umständen, auch die in dem obigen Beispiel angeführten Unstimmigkeiten ermittelt, und es konnte, wie in dem Beispiel ausgeführt, nachgewiesen werden, daß diese Unstimmigkeiten in den Betriebsanlagen die Hauptursache für die unliebsame Erhöhung der Produktionskosten bzw. für die Erzeugung minderwertiger Ware bildeten.

Diesen Ermittelungen wurde die Berechnung zugrunde gelegt, daß 1 cbm Ton etwa 350 Mauersteine ergibt, und daß die Ziegelei gegenwärtig rund $4^1/_2$ Millionen Steine jährlich anfertigte. Selbst bei einer gesteigerten Produktion auf 8 Millionen Steine jährlich, welche Steigerung unter gewissen Voraussetzungen möglich wäre, würde die Tongrube noch für rund 22—25 Jahre ausreichen.

Die von der fachmännischen Begutachtung veranlaßte und von einem Speziallaboratorium für die keramische Industrie ausgeführte Untersuchung des Tones ergab, daß der Ton von sehr fetter Beschaffenheit war und daher für die Fabrikation der Mauersteine eine Magerung durch Zusatz von 25 % Sand erforderte. Infolge dieses großen Fettgehaltes war der Ton auch sehr rissig und brüchig, so daß das Trocknen und Brennen der gepreßten Mauersteine sehr sorgfältig geschehen mußte, um zu verhüten, daß durch viele kleine Risse in den Steinen und vollständiges Reißen bzw. Bruch der Steine gar zu viel Ausschuß entstände.

Mit Ausnahme dieses großen Fettgehaltes war der Ton jedoch in seinen übrigen Eigenschaften von besonders *guter* Qualität.

Dieser Umstand und auch das Ergebnis der von demselben Laboratorium vorgenommenen Druckfestigkeitsprüfungen, bei welchen die Druckfestigkeit der einzelnen Steine zwischen 96 bis 275 kg/qm schwankte, ließ von vornherein darauf schließen, daß das ungünstige Ergebnis der Ziegeleiunternehmung nicht seine Ursache in der Qualität des Rohmaterials habe, sondern auf Fehler zurückzuführen sei, welche bei der Herstellung der Mauersteine, im besonderen bei der Vorbereitung des Tones und bei dem Brennen der Steine, begangen wurden.

Die Vorbereitung des Tones für die Fabrikation erforderte es, daß der Ton zunächst aus der Tongrube auf die Tonhalden befördert, dort geschlemmt und überwintert und wenn möglich auch noch übersommert werde. Die Erfahrungen einiger benachbarter Ziegeleien, welche den gleichen Ton verarbeiteten, bestätigten es, daß der Ton mindestens ein Jahr lang auf den Tonhalden lagern müsse, wenn er zur Herstellung eines guten Fabrikates brauchbar sein sollte. Anderenfalls gab seine rissige und brüchige Eigenschaft den Anlaß zu dem Entstehen vieler Ausschußware bei der Fabrikation der Mauersteine.

Bei den angestellten Ermittelungen stellte es sich bald heraus, daß der Ton, anstatt mindestens ein Jahr lang zu lagern, schon nach einer Vorbereitungszeit von durchschnittlich nur fünf Wochen für die Fabrikation der Mauersteine verwendet wurde, und zwar *weil die Halden zu klein waren*, um auf ihnen die genügenden Tonvorräte für ein ganzes Jahr zu lagern. Es war eben bei der Errichtung der Ziegelei verabsäumt worden, genügendes Terrain für die Tonhalden zu beschaffen und die nachträgliche Beschaffung war bis dahin unterblieben, weil sie nur unter Aufbringung bedeutender Geldopfer ermöglicht werden konnte.

Der Fabrikationsgang in der betreffenden Ziegelei war der folgende:

Der Ton wurde aus der Grube vermittels der Feldbahn auf die Halden geschafft. Dort wurde er gewässert und abgelagert. Alsdann gelangte er in die Vorbereitungsmaschinen, die Kollergänge und Walzwerke und von diesen auf die Pressen, in welchen er in die Form von Mauersteinen gepreßt wurde. Diese gepreßten sogenannten Formlinge oder grünen Steine kamen darauf in die Trockenschuppen und später aus diesen in den Ringofen. Nach vollendetem Brand in dem Ringofen waren die Steine als Fabrikat fertig und wurden aus dem Ofen für den Verkauf auf die Lagerplätze geschafft.

Diejenigen Formlinge, welche im Sommer nicht mehr verarbeitet, d. h. gebrannt wurden, wurden für das spätere Brennen im Winter als Vorrat aufgestapelt.

Die verschiedenen im vorstehenden skizzierten Transporte des Tones aus der Grube auf die Halden und von dort zu den Pressen usw. bis auf den Verkaufslagerplatz waren richtig angeordnet, so daß unnötige Hin- und Hertransporte nicht stattfanden. Es fehlte jedoch an einigen Aufzugsvorrichtungen, weshalb die Formlinge zu oft in die Hand genommen werden mußten. Hierdurch wie auch infolge des Fehlens einer genügenden Anzahl von Rüstungen in den Trockenschuppen, erlitten die Formlinge unnötigerweise viel Abstoßungen und Bruch, wodurch unnötiger Verlust herbeigeführt wurde.

Die Produktion einer jeden Ziegelei ist von vornherein begrenzt durch die Größe des Brennofens. Mehr Steine als der Ofen im Jahre brennen kann, kann die Ziegelei für den Verkauf nicht fertigstellen.

Andererseits ist aber die Produktion der Ziegelei auch abhängig von der Leistung der Pressen sowie von der Leistung der Trockeneinrichtungen.

Die Leistung der Pressen, der Trockeneinrichtungen und des Ofens müssen daher in richtigem Verhältnis zueinander stehen, wenn die Betriebsanlagen wirtschaftlich günstig, d. h. billig, produzieren sollen.

Bei der in Rede stehenden Ziegelei war das Verhältnis zwischen den einzelnen Teilen der Betriebsanlagen, und zwar zwischen den Tonhalden, den Pressen, den Trockeneinrichtungen und dem Brennofen nicht das richtige, und lag hierin die Hauptursache für den Mißerfolg der Unternehmung.

Die fachmännische Prüfung der Ziegelei ergab nämlich folgendes Resultat:

Die Ziegelei besaß zwei Ziegelpressen. Von diesen leistete die Presse Nr. 1 in zehn Stunden 23 000 Mauersteine und die Presse Nr. 2 ebenfalls in zehn Stunden 22 000 Mauersteine.

Die Gesamtleistung der Pressenanlage betrug also in zehn Stunden 45 000 Steine in Normalformat.

Die Vorbereitungsmaschinen, bestehend aus einem Kollergang und zwei Walzwerken, waren den Leistungen der beiden Pressen gut angepaßt.

Da jährlich mit 280 Arbeitstagen für die Pressen zu rechnen war, konnten beide Pressen bei nur zehnstündiger Arbeitszeit täglich, insgesamt jährlich durchschnittlich 12 600 000 Steine liefern. Diese Leistung konnte eventuell durch Überstunden noch erhöht werden.

Die vorhandenen Trockeneinrichtungen bestanden aus einer Trockeneinrichtung über dem Ringofen und aus vier Trockenschuppen. Sie waren imstande, die folgenden Quantitäten Steine aufzunehmen:

Die Trockeneinrichtung über dem Ofen faßte	210000	Steine
Der Trockenschuppen Nr. 1 faßte	74000	„
„ „ „ 2 „	46500	„
„ „ „ 3 „	74000	„
„ „ „ 4 „	100000	„
Insgesamt faßten die Trockenschuppen mithin	504500	Steine.

Die Trockenzeit für die Steine, welche über dem Ofen zum Trocknen eingesetzt wurden, dauerte durchschnittlich 4 Wochen.

In den offenen Trockenschuppen Nr. 1—4 dauerte die Trockenzeit je nach der Witterung durchschnittlich $4^1/_2$ Wochen, jedoch konnten diese Trockenschuppen nur während der etwa 5 Sommermonate zum Trocknen benützt werden.

Berücksichtigte man diese Trockenzeiten einerseits und das Fassungsvermögen der Trockenschuppen andererseits, dann ergab sich, daß über dem Ofen, woselbst die Trocknung während des ganzen Jahres ununterbrochen stattfand, jährlich rund 2 500 000 Steine getrocknet werden konnten.

In den anderen Trockenschuppen konnten ferner während der Sommerzeit rund 1 500 000 Steine getrocknet werden. Außerdem konnten im Sommer noch etwa 50 000 Steine im Freien unter einer leichten Bedachung getrocknet werden.

Insgesamt konnten also jährlich nur rund 4 050 000 Steine getrocknet werden.

Der Ringofen hatte 16 Kammern, in deren jede durchschnittlich 23 000 Steine eingesetzt werden konnten.

Die durchschnittliche Brennperiode einer jeden Kammer, welche sich zusammensetzt aus dem Einsetzen der Steine in den Ofen, der gesamten Brennzeit derselben und dem Ausnehmen aus dem Ofen, dauerte zur Zeit der Begutachtung 22 Tage.

Es lag dies daran, daß damals die zu brennenden Steine, wegen der unzureichenden Trockeneinrichtungen nicht genügend getrocknet in den Ofen kamen. Da sie mithin erst im Ofen weiter ausgetrocknet werden mußten, war auch die Brennperiode eine längere. Wären die Trockeneinrichtungen ausreichend gewesen, so daß gut ausgetrocknete Steine in den Ofen eingesetzt werden konnten, dann würde eine jede Brennperiode anstatt 22 Tage nur 16 Tage gedauert haben. Auch hätten bei besseren Trockeneinrichtungen 23 000 Steine in jede Ofenkammer eingesetzt werden können, während damals nur 18 000 Steine in jede Kammer kamen, weil keine genügenden Quantitäten an getrockneten Steinen vorhanden waren.

Da der Ofen Tag und Nacht ununterbrochen in Betrieb war, mithin auf das Jahr 365 Arbeitstage zu rechnen waren, berechnete sich die Leistungsfähigkeit des Ofens bei Zugrundelegung einer Brennperiode von nur 16 Tagen wie folgt:

Der Ofen hat 16 Kammern. Eine jede Kammer faßt 23 000 Steine und hat jährlich 22 Brennperioden zu je 16 Tagen. Der Rest von 13 Tagen im Jahre für eine jede Kammer verbleibt für notwendig werdende Reparaturen usw.

Die Leistung des Ofens ist mithin:

16 Kammern $\times$ 23 000 Steine $\times$ 22 Brennperioden = 8 096 000 Steine oder rund 8 000 000 Steine.

Aus den vorstehend berechneten Leistungen der Pressen, der Trockeneinrichtungen und des Ofens ergibt sich bereits das große Mißverhältnis, welches einen wirtschaftlich günstigen Betrieb der Ziegelei verhinderte.

Während die Pressen rund 12 000 000 Steine liefern konnten, konnten die Trockeneinrichtungen nur rund 4 000 000 Steine trocknen, der Ofen dagegen rund 8 000 000 Steine brennen.

Infolge des Mangels an genügenden Trockeneinrichtungen konnte also weder die Leistung des Ofens noch die der Pressen voll ausgenützt werden, während andererseits die Betriebskosten für den Ringofen die *gleich hohen* waren, wie sie bei voller Leistung des Ofens und einer entsprechenden Pressenleistung gewesen wären. Kommt es doch bei dem Ringofen auf die Wärmetemperatur in dem Ofen an, und nicht darauf, wieviel Steine in dem Ofen zum Brennen eingesetzt sind.

Die Nichtausnützung der Pressen bis auf ihre höchste Leistungsfähigkeit wäre, wenngleich — wie schon weiter vorher ausgeführt — die Produktionskosten dadurch erhöht wurden, an sich nicht so bedenklich gewesen, weil bei den Pressen immerhin mit Stillstand der einen oder anderen Presse zwecks Reparatur usw. gerechnet werden muß. Auch kommen nicht alle von den Pressen gefertigten grünen Steine in den Ofen, weil ein Teil derselben schon vorher durch Bruch usw. zugrunde geht.

Außerdem wird bei Stillstand einer Presse an Arbeitslöhnen und auch an Kraft, d. h. an Kohlen gespart, falls eine gute Kontrolle der Dampfkesselfeuerung stattfindet. Der Umstand, daß die Pressenleistung größer ist als die Leistungsfähigkeit des Ofens, würde also im vorliegenden Falle von keiner großen Bedeutung gewesen sein, im Gegenteil sicherte sie die volle Ausnützung der Leistungsfähigkeit des Ofens.

Ganz anders lag die Sache aber bei den Trockeneinrichtungen und dem Ofen.

Da der Ofen das ganze Jahr Tag und Nacht in Betrieb ist, sind die Kosten der Ofenfeuerung und der Bedienung des Ofens, einschließlich der Kosten für die notwendig werdenden Reparaturen am Ofen, die gleich hohen, gleichviel, ob in einer Kammer nur 18 000 Steine eingesetzt werden oder 23 000 Steine. Ob die Brennperiode nur 16 Tage oder 22 Tage dauert, kommt für die Betriebskosten kaum in Frage, da die hierdurch entstehenden Mehrkosten für das jedesmalige Zumauern der Ofenkammern und der Mehrverbrauch an Schieberpapier usw. so geringfügig ist, daß er gegenüber den sonstigen Betriebskosten des Ofens ganz außer acht gelassen werden kann.

Wenn daher wegen des Mangels an Trockeneinrichtungen der Ofen nicht voll ausgenützt werden konnte, so war die Folge hiervon eine wesentliche Erhöhung der gesamten Produktionskosten, d. h. ein unwirtschaftlicher Betrieb. Mußten doch für das Brennen von rund nur $4^1/_2$ Millionen Mauersteinen dieselben Betriebskosten aufgewendet werden, wie sie das Brennen von rund 8 Millionen Mauersteinen erfordert hätte.

Im vorliegenden Falle kam noch hinzu, daß die Feuerung des Ofens nicht sachgemäß kontrolliert und geleitet wurde. Daraus ergab sich nicht nur ein unverhältnismäßig hoher Kohlenverbrauch, sondern der Brand der Steine ging auch nicht sachgemäß vor sich. Die Folge hiervon war wiederum, daß viele Steine beim Brennen Brandfehler erlitten, welche sie minderwertig oder gar zu Ausschuß machten.

Dieser Umstand trug ebenfalls zu dem Mißerfolg der Unternehmung bei, denn er verringerte die Produktion von besseren Steinen, für welche ein höherer Verkaufspreis erzielt worden wäre.

Ein anderer und zwar sehr erheblicher Grund für den Mißerfolg lag in der nicht ausreichenden Größe der Tonhalden und in der hieraus resultierenden nicht genügenden Vorbereitung des Tones.

Der Ton konnte auf den Tonhalden nicht genügend gewässert, überwintert und übersommert werden, mußte vielmehr schon nach wenigen Wochen den Pressen zugeführt werden, also viel zu früh für die Erzeugung eines Fabrikates von guter Qualität. Die nicht genügende Vorbereitung des Tones auf den Tonhalden hatte zur Folge, daß sich schon während des Trocknens der Formlinge viele Risse in denselben bildeten und viel Bruch, d. h. Ausschuß, entstand.

Ein Teil des Ausschusses, welcher die Produktionskosten unnötigerweise erheblich erhöhte, fiel mithin der mangelhaften Vorbereitung des Tones, d. h. der nicht genügenden Größe der Tonhalden, unmittelbar zur Last.

Kam der Ton somit an sich schon nicht genügend vorbereitet in die Pressen, so konnte außerdem auch, wegen des Mangels an ausreichenden Trockenvorrichtungen, den gepreßten Formlingen nicht genügend Zeit zum Trocknen gelassen werden, so daß sie zu naß in den Ofen kamen. Die Folge hiervon war wiederum ein weiteres starkes Auftreten von Rissen in den Steinen und eine weitere Vermehrung des Ausschusses.

Die Ursachen für den Mißerfolg der Unternehmung lagen also zum Teil in der nicht genügenden Kontrolle und Leitung der Ringofenfeuerung, in der Hauptsache jedoch in der Unstimmigkeit zwischen den einzelnen Teilen der Betriebsanlagen, welche eine günstige Produktivität derselben verhinderte.

Die nicht genügende Größe der Tonhalden war die Grundursache für die Minderung der Qualität der erzeugten Mauersteine, und die nicht genügende Größe der Trockeneinrichtungen die Grundursache für die Verminderung der Quantität der Steine.

Beide Ursachen mußten naturgemäß die Wirtschaftlichkeit der Betriebsanlagen ungünstig beeinflussen. Einerseits waren die Produktionskosten die gleich hohen, gleichviel ob bessere oder minderwertige Steine erzeugt wurden, und gleichviel, ob im besonderen die Leistungsfähigkeit des Ringofens voll oder nur zum Teil ausgenützt wurde. Andererseits war aber der Verkaufserlös ein verschieden hoher, je nachdem Steine erster, zweiter oder dritter Sorte bzw. Ausschußware zum Verkauf gestellt werden konnten.

In sinngemäß gleicher Weise, wie an diesem Beispiel gezeigt, wird die fachmännische Begutachtung auch in einem jeden anderen Produktionszweige etwaige Unstimmigkeiten zwischen den einzelnen Teilen der Betriebsanlagen ermitteln und die Produktivität bzw. die Produktivitätsmöglichkeit der betreffenden Unternehmung feststellen können.

---

d) Der Einfluß der Arbeitslöhne auf die Produktionskosten.

In einer jeden industriellen Unternehmung sind nicht nur die Quantität und Qualität der Fabrikate, sondern im Zusammenhange damit auch die *Kosten der Produktion* wesentlich von der Leistung der Arbeiterschaft abhängig.

Vergleicht man die verschiedenen Produktionskosten, wie Verzinsung des Anlagekapitals, Pachten und Mieten, Instandhaltung und Abnützung der Betriebsmittel, Verbrauch an Rohmaterial und an Betriebsmaterialien, Gefahrenversicherungen und Abgaben, Gehälter, Arbeitslöhne, Heizung und Beleuchtung usw., miteinander, dann findet man, daß fast ausnahmslos die Kosten für das Rohmaterial und die Arbeitslöhne[1]) den weitaus größten Anteil an den gesamten Produktionskosten haben.

Die Kosten des Rohmaterials sind von dem Unternehmerwillen unabhängig.

Dagegen ist der Gesamtbetrag der Arbeitslöhne einer industriellen Unternehmung nur bis zu einem gewissen Grade von dem Unternehmerwillen unabhängig, weil der Unternehmer die größtmögliche Produktivität seiner Unternehmung dadurch erreichen kann, daß er durch geschickte Arbeitsverteilung und aufmerksame Kontrolle der Arbeitsleistung die Anzahl und die Auswahl der Arbeitskräfte richtig bestimmt, so daß nicht mehr Arbeiter beschäftigt werden und nicht höhere Löhne für minderwertige Arbeiten gezahlt werden, als für die Ausnützung der vorhandenen Betriebsanlagen unbedingt notwendig sind.

Die geschickte Arbeitsverteilung und die geeignete Auswahl der Arbeitskräfte sind mithin der Kernpunkt des Lohnproblems zur Erreichung der möglichst billigen Produktivität der Unternehmung[2]).

---

[1]) Siehe auch *v. Zwiedineck-Südenhorst, Otto,* „Sozialpolitik“, Leipzig und Berlin 1911, Seite 288.

„Die Löhne wirken als Kostenelement, und mit ihrer Erhöhung wird die Produktion verteuert, wodurch in irgendeiner Richtung ein Rückschlag von der Lohnsteigerung auf die Marktverhältnisse unvermeidlich wird. Die Wirkungen auf die Preisbildung können sehr verschieden sein. Soll durch die Lohnpolitik eine Erhöhung des Anteiles der Arbeiterschaft an dem gesellschaftlichen Arbeitsertrag erreicht werden, so gelingt das jedenfalls nicht immer völlig; namentlich dann nicht, wenn die Unternehmer die Lohnsteigerung zum Anlaß einer Preiserhöhung machen können. Wo dies möglich ist, werden nicht selten die Preiserhöhungen höher gehalten, als den Lohnsteigerungen angemessen wäre. Dann tragen die Arbeiter jedenfalls zum Teil die Kosten ihrer Lohnerhöhung selbst, und zwar um so mehr, je ausschließlicher das betreffende Erzeugnis in den Bedürfniskreis der Arbeiter fällt.“

[2]) So sagt auch *Taylor, Fred. W.*, und *A. Wallichs*, „Die Betriebsleitung insbesondere der Werkstätten“, 3. Auflage, Berlin 1914. (Shop management, Seite 6 und folgende):

„Verfasser würde unter keinen Umständen die Anstellung eines gut bezahlten Handwerkers für Arbeiten empfehlen, die ein eingearbeiteter Arbeitsmann verrichten kann. Nie sollte man das von einem geschickten Handwerker tun lassen, was ein gewöhnlicher Arbeiter bei einiger Übung erlernen kann.

Der Verfasser geht sogar so weit, daß er alle Arbeit, welche sich immer und immer wiederholt, auch wenn sie große Fertigkeit verlangt, nicht von einem gelernten Handwerker, sondern von gut und lange eingeübten Arbeitsleuten verrichten zu lassen, für wirtschaftlich hält. Diese werden zu der auf die Dauer geisttötenden Wiederholung der Arbeit besser passen als der geübte und geistig höherstehende Handwerker. Indes soll dieser Arbeitsmann nun nicht den Lohn der ge-

Die geschickte Arbeitsverteilung bedingt die Quantität der Produktion, und die geeignete Auswahl der Arbeitskräfte die Qualität der Produktion. Beide vereinigt ergeben die niedrigstmöglichen Arbeitslöhne für die Produktivität der Unternehmung.

Die zu zahlenden Arbeitslöhne sind jedoch auch nur bis zu einer gewissen Grenze von dem Unternehmerwillen abhängig. Der Unternehmer kann nicht niedrigere Lohnsätze bieten als an dem Standorte der Unternehmung allgemein üblich sind, weil er sonst Gefahr liefe, überhaupt keine Arbeiter zu erhalten. Auch die Arbeitslöhne regeln sich, gleicherweise wie die Verkaufspreise, durch Angebot und Nachfrage auf dem allgemeinen Markte[1]). Nur ist für die Arbeitslöhne der allgemeine Markt ziemlich ausschließlich auf den Standort der Unternehmung und dessen nächste Umgebung beschränkt, weil der daselbst ansässige Arbeiter, und besonders der verheiratete Arbeiter, darauf angewiesen ist, sich seine Arbeits-

---

schulten Handwerker erhalten, sondern nur eine angemessene Erhöhung über die gewöhnliche Rate seiner Klasse."

Vergleiche auch: *Herkner, Heinrich,* „Die Arbeiterfrage", 6. Auflage, Berlin 1916, Seite 63:

„Die privatkapitalistische Unternehmung ist genötigt, eine angemessene Rentabilität zu erzielen. Diese fällt unter sonst gleichen Umständen um so günstiger aus, je mehr die Differenz zwischen Selbstkosten und Verkaufspreisen sich erweitert. Richten wir unser Augenmerk in diesem Zusammenhange ausschließlich auf das Ziel der Kostenverminderung, so kann es auf zwei prinzipiell sehr verschiedenen Wegen erreicht werden: einmal durch stetige Verminderung des persönlichen und sachlichen Aufwandes im Vergleiche zum Erfolge und dann durch Herabsetzung der Geldausgaben, die im Interesse der Beschaffung persönlicher Dienstleistungen und sachlicher Arbeitsmittel gemacht werden.

Die erstgenannte Methode kommt zur Anwendung, wenn wirksamere Stoffe und Maschinen beschafft werden können, wenn an menschlicher Arbeit durch bessere Auslese der Arbeitskräfte für die vorhandenen Aufgaben oder bessere Anpassung der vorhandenen Aufgaben an die Arbeitskräfte gespart werden kann, wenn die ganze persönliche Arbeit, wie es dem Taylorsystem vorschwebt, immer mehr rationalisiert wird. Es ist Sache der ökonomischen Technik und wissenschaftlichen Betriebsführung, in diesen Beziehungen immer günstigere Wirkungsgrade zu erzielen."

[1]) *Sombart, Werner,* „Die gewerbliche Arbeiterfrage", Berlin und Leipzig 1912, Seite 46 und 47:

„Wollen wir diese selbst zunächst ganz allgemein umschreiben, so können wir sagen, daß sie darin besteht, die Aussichten des Arbeiters bei Festsetzung seiner Arbeitsbedingungen zu verbessern. Zu diesem Behufe stecken sich die Gewerkvereine zunächst das Ziel: die Marktverhältnisse zugunsten des Arbeiters zu beeinflussen. Die Verhältnisse des Arbeitsmarktes, auf dem man Angebot und Nachfrage schalten und walten sieht wie auf dem Warenmarkte. Dieses Streben nach Einfluß auf die Gestaltung des Arbeitsmarktes wird von der Einsicht geleitet, daß man es bei der Arbeitskraft des Arbeiters mit einer Ware zu tun habe."

gelegenheit in nächster Nähe seines Wohnortes zu suchen. Dieser letztere Umstand läßt jedoch auch den Grund erkennen, aus welchem sich, ganz abgesehen von der zeitigen allgemeinen Teuerung, infolge des gesunkenen Wertes der deutschen Mark, die mit der Zeit immer höher steigenden Lohnforderungen der Arbeiter entwickeln. Die industrielle Unternehmung trägt zu der Verkehrsentwickelung ihres Standortes bei. Der gesteigerte Verkehr hat die Weiterentwickelung des Ortes, an dem sich die industrielle Unternehmung niedergelassen hat, und in dem ihre Arbeiter wohnen, zur Folge. Durch diese Weiterentwickelung des Wohnortes werden die Bedürfnisse der Arbeiter gesteigert und der Lebensunterhalt verteuert. Die Verteuerung des Lebensunterhaltes führt jedoch naturgemäß zu höheren Lohnansprüchen.

Hinsichtlich der Auswahl der Arbeitskräfte ist im besonderen zu beachten, daß eine jede industrielle Unternehmung in erster Linie fachlich ausgebildete Arbeiter benötigt, welche die *produktive* Arbeit leisten. Daneben bedarf dann eine jede Unternehmung noch einer mehr oder minder großen Anzahl von Arbeitern für *unproduktive* Arbeiten, wie Abladen und Verladen von Gütern, Transportarbeiten innerhalb der Betriebsanlagen, Reinigung und Bewachung der Betriebsstätten, Magazinarbeiten und ähnliche Arbeiten mehr.

Für diese unproduktiven Arbeiten verwendet man vorteilhaft wegen der billigeren Arbeitslöhne ungelernte Arbeiter, denn naturgemäß sind die Arbeitslöhne für die in ihrem Fache ausgebildeten produktiven Arbeiter höher als die Löhne der ungelernten Arbeiter, welche nur mit unproduktiven Arbeiten beschäftigt werden können.

Wegen der verschieden hohen Arbeitslöhne sollte eine jede industrielle Unternehmung auch danach trachten, soviel als möglich ihre einzelnen produktiven Arbeiten zu spezialisieren, um wenigstens für einen Teil dieser Arbeiten billigere Arbeitskräfte als die ausgebildeten Facharbeiter verwenden zu können. Diese Spezialisierung ist besonders bei denjenigen produktiven Arbeiten möglich, bei welchen es sich in der Hauptsache nur um die Beaufsichtigung und die Bedienung automatisch arbeitender Maschinen handelt.

Da die Tätigkeit an automatisch arbeitenden Maschinen keine fachliche Ausbildung, vielmehr nur das mechanische Einüben bestimmter Handgriffe an den betreffenden Maschinen erfordert, werden in einer Reihe von Produktionen für diese Tätigkeit auch weibliche Arbeitskräfte sowie jugendliche Arbeiter verwendet. Als ein Beispiel hierfür seien die Fabrikbetriebe der Textilindustrie, im besonderen die Spinnereien, Nähgarnfabriken, Teppichfabriken usw., ferner die Kartonfabriken, Stanzereien, Dampfwäschereien, Fabriken der keramischen Industrie und andere mehr hier angeführt.

Die Aufgabe der fachmännischen Begutachtung bei der Beurteilung der Produktivität der Arbeiterschaft, d. h. ihrer Arbeitsleistung nach Quantität und Qualität, ist nun eine mehrfache.

Einmal hat die fachmännische Begutachtung die Höhe der gezahlten Arbeitslöhne im Vergleich mit den ortsüblichen Löhnen und den allgemein bekannten Durchschnittslöhnen für die betreffenden Arbeiten kritisch zu beurteilen. Dann hat sie aber auch die Anzahl und die Art der zur Erreichung der größtmöglichen Produktivität der Unternehmung unbedingt notwendigen Arbeitskräfte festzustellen. Im Zusammenhange damit hat sie ferner zu ermitteln, ob nicht etwa *mehr* Arbeitskräfte, als notwendig sind, beschäftigt werden, und ob nicht teuere Arbeitskräfte für die Ausführung von Arbeiten verwendet werden, welche in gleicher Quantität und Qualität auch von billigeren Arbeitskräften ausgeführt werden können.

Gerade den letzteren beiden Fehlern, daß mehr Arbeiter beschäftigt werden, als notwendig sind, und daß mancherlei minderwertige Arbeiten teueren Arbeitskräften zur Ausführung übertragen werden, begegnet man verhältnismäßig häufig in der Praxis. Der Grund hierfür liegt in einer ungenügenden Betriebsorganisation und in einem Mangel an Dispositionstalent der betreffenden Betriebsleitung.

Die Folge ist stets eine ganz wesentliche Erhöhung der Produktionskosten, welche bei einiger Aufmerksamkeit ohne weiteres hätte vermieden werden können.

Die Anzahl der benötigten Arbeitskräfte ist durch die Größe und die Einrichtung der Betriebsanlagen gegeben. Die Art der zu beschäftigenden Arbeitskräfte ist von den Produktionsmethoden und der Organisation des Produktionsbetriebes abhängig.

In denjenigen Fabrikbetrieben, in welchen die Herstellung der Fabrikate vornehmlich durch gelernte Facharbeiter erfolgt, also z. B. in Maschinenfabriken, Pianofortefabriken und ähnlichen aus dem Handwerk hervorgegangenen Betrieben, wird ein Überschuß an Arbeitern nur selten vorhanden sein. In diesen Fabrikbetrieben richtet sich die Beschäftigungsmöglichkeit der einzelnen Arbeiter in der Hauptsache nach den vorhandenen Werkzeugmaschinen. Mehr Arbeiter als an den einzelnen Drehbänken, Hobelmaschinen, Fräsmaschinen, Bohrmaschinen, an den Feilbänken mit ihren Schraubstöcken, in der Schmiede usw. für produktive Arbeitstätigkeit placiert werden können, kann die betreffende Fabrik in der Hauptsache nicht beschäftigen. Es könnte nur eine Überzahl an Arbeitern für die Montagearbeiten und ähnliche Arbeiten der Nachbearbeitung und Fertigstellung der Fabrikate beschäftigt werden, jedoch ist auch bei diesen Arbeiten die Zahl der Arbeiter eine beschränkte und gegebene. Für die Beschäftigung mit unproduktiven Arbeiten wird man jedoch in diesen Betrieben, wegen der leichteren Kontrolle der Arbeitsleistung des einzelnen Arbeiters wohl kaum eine übergroße Anzahl von Arbeitern einstellen.

Gleicherweise werden in der Auswahl der Arbeitskräfte nur selten Mißgriffe vorkommen, weil die Fachtüchtigkeit und der Fleiß des einzelnen Arbeiters zu sehr in die Erscheinung treten.

Anders ist es jedoch in denjenigen Fabrikbetrieben, in welchen die Fabrikate automatisch auf maschinellem Wege hergestellt werden, wie es z. B. in der chemischen Industrie, dann aber auch vielfach in der keramischen Industrie, der Textilindustrie und anderen Industrien mehr der Fall ist. Hier kommen für die Herstellung der Fabrikate weniger Facharbeiter in Frage, als vornehmlich ungelernte oder nur für einzelne Arbeitstätigkeiten von der betreffenden Unternehmung angelernte Arbeiter. Da zudem in diesen Industrien die Tätigkeit der Arbeiter sich hauptsächlich nur auf die Transporte von Maschine zu Maschine bzw. auf die Beaufsichtigung der einzelnen Maschinen während ihres Betriebes erstreckt, ist hier die Möglichkeit und die Verleitung zur Einstellung einer größeren Arbeiterzahl, als für die Produktion notwendig wäre, sehr oft vorhanden. So findet man z. B. für die Beaufsichtigung mehrerer gleichartiger Maschinen, welche ebensogut gleichzeitig von nur *einer* Person ausgeübt werden könnte, mehrere Personen, oder für eine jede einzelne dieser Maschinen je eine oder gar mehrere Personen angestellt. Auch findet man verhältnismäßig häufig mehr Arbeitskräfte, als notwendig sind, mit den Transporten des in Verarbeitung befindlichen Rohmaterials von Maschine zu Maschine beschäftigt. Die Folge hiervon ist meistens ein Nachlassen der Arbeitsleistung des einzelnen Arbeiters, und in jedem Falle eine wesentliche und dabei unnötige Erhöhung der Produktionskosten.

Die vorhandenen Unstimmigkeiten zwischen Arbeiteranzahl und Arbeitsleistung der Arbeiterschaft bzw. zwischen Arbeitslöhnen und Produktivität der Unternehmung lassen sich nun in ähnlicher Weise ermitteln und feststellen, wie dies bereits in dem vorangegangenen Kapitel hinsichtlich der Produktivität der Betriebsanlagen gezeigt worden ist.

Nur wird die fachmännische Beurteilung bei diesen Ermittelungen verschieden vorgehen müssen, je nachdem es sich um einen Fabrikbetrieb mit Facharbeitern und den von ihnen benötigten Werkzeugmaschinen oder um einen Fabrikbetrieb mit automatisch arbeitenden Maschinen und größtenteils nur angelernten oder ungelernten Arbeitern handelt.

Im ersteren Falle wird die fachmännische Beurteilung bei den Ermittelungen von der *Anzahl und Art der vorhandenen Werkzeugmaschinen und sonstigen Arbeitsvorrichtungen* ausgehen und feststellen, wieviele Arbeiter produktiv an ihnen beschäftigt werden können bzw. beschäftigt werden müssen, um diese Maschinen und Arbeitsvorrichtungen auf ihre volle Leistungsfähigkeit zu bringen. Demnächst wird sie dann noch die Arbeitstätigkeit der unproduktiv beschäftigten Arbeiter und die ihnen übertragenen Arbeiten prüfen, um festzustellen, ob nicht etwa für diese unproduktiven Arbeiten eine zu große Anzahl von Arbeitern beschäftigt wird. Gleichzeitig damit kann von ihr bei beiden Kategorien von Arbeitern geprüft werden, ob nicht etwa die teueren Arbeitskräfte mit Arbeiten beschäftigt werden, welche auch von billigeren Arbeitskräften, z. B. von Lehrlingen, ausgeführt werden könnten.

Im zweiten Falle, d. h. in Betrieben mit automatisch arbeitenden Maschinen und größtenteils nur angelernten bzw. ungelernten Arbeitern, wird die fachmännische Beurteilung dagegen *eine Einheit des Rohmaterials* auswählen und feststellen, wieviele *Arbeitskräfte*, welche *Arbeitsleistungen* und welche *Arbeitszeiten* erforderlich sind, um die gewählte Einheit des Rohmaterials *in das Fertigfabrikat umzuwandeln.*

Am einfachsten ist in den meisten Fällen diese Ermittelung, wenn die normale Tagesleistung der maschinellen Einrichtung zugrunde gelegt und das für dieselbe benötigte Quantum Rohmaterial als Kalkulationseinheit angenommen wird.

In Fällen, wo dies nicht angängig ist, wird die fachmännische Beurteilung dagegen die Leistung eines umgrenzten Arbeitshauptzeitraumes als Grundlage der Ermittelungen annehmen und auf dieser Grundlage die Arbeitskalkulation aufbauen.

In „Brauereien“ z. B. richtet sich die Anzahl der benötigten Arbeiter einerseits nach dem jährlichen Ausstoß und andererseits nach der Art des Ausstoßes, d. h. ob Flaschenbier oder Faßbier hergestellt wird, weil bei den Einrichtungen für Flaschenbier mehr Arbeiter erforderlich sind als bei denen für Faßbier. Die Jahresproduktion der Brauerei ist nun abhängig von der Anzahl der Sude, und die Quantität der bei dem einzelnen Sude erzeugten Würze wiederum von der Größe bzw. effektiven Leistung der Braupfanne. Von dieser Leistung hängt dann weiter die Anzahl und die Größe der Gärbottiche usw. ab.

Wenn man also ermittelt, wieviel Sude die betreffende Brauerei täglich ausschlagen kann und welche Quantität Würze sie hierbei erzielt, wird man die für die produktive Arbeit im Sudhause, im Gärkeller, im Lagerkeller, in der Flaschenbierfüllerei bzw. in der Faßbierfüllerei usw. benötigte Anzahl Arbeiter genau feststellen können. Ebenso wird man aus dem Jahresausstoß der Brauerei auch die benötigte Anzahl an unproduktiven Arbeitern, wie Böttcher, Hofpersonal, Fahrpersonal usw., bestimmen können.

Wie die Ermittelung der für eine industrielle Unternehmung benötigten Arbeitskräfte vorzunehmen ist, sei an dem hier folgenden Beispiele gezeigt.

Es handelte sich bei diesem Beispiel um eine Unternehmung der keramischen Industrie[1]), welche weiße Wandplatten zur Wand-

---

[1]) Das Beispiel entstammt ebenfalls der Praxis des Verfassers. In demselben sind zwar aus Gründen der Diskretion einige Angaben und Zahlen geändert, jedoch ändern dieselben nichts an der Ausführung des Beispieles.

Der Verfasser konnte bei dem von ihm geforderten Gutachten durch seine in dem obigen Beispiele ausgeführten Ermittelungen, welche nach seinen Anleitungen *in Gemeinschaft mit der Betriebsleitung und von dieser selbst* vorgenommen wurden, nachweisen, daß die betreffende Unternehmung *jährlich einen Lohnbetrag von rund* ***68 300*** *Mark* ohne Arbeitsgegenleistung verausgabte, und zwar nur infolge der Überzahl an Arbeitern und der unrichtigen Auswahl der Arbeitskräfte. Die Berechnung stützte sich auf die damals von der Unternehmung gezahlten Arbeitsstundenlöhne, einer Arbeitszeit von zehn Stunden täglich und einer Arbeitsperiode von 280 Tagen jährlich.

Da der Durchschnittsverkaufspreis auf dem allgemeinen Markte damals 11 Pfennige für die Wandplatte war, hatte dieser unnötige Lohnaufwand eine Schmälerung des Reingewinnes um rund $7^1/_3$ % des Bruttoverkaufserlöses zur Folge.

bekleidung in Kasernen, Lazaretten, Badezimmern, Korridoren usw. herstellte.

Die Fabrikation der Wandplatten geschieht in der Art, daß das Rohmaterial — Kaoline, Fetttone und Sand — auf den Vorbereitungsmaschinen und durch sonstige sachgemäße Behandlung zu einem möglichst homogenen Pulver verarbeitet wird, welches keine fremden Beimischungen enthält. Diese letzteren, wie z. B. Eisenstein, machen die Platten unrein und minderwertig.

Das derart vorbereitete Rohmaterial wird alsdann auf den Pressen vermittels Formen zu Platten gepreßt. Diese Platten gelangen darauf in die Biskuitöfen, in welchen sie zum ersten Male gebrannt werden. Danach werden diePlatten glasiert und in den Glasuröfen zum zweiten Male gebrannt. Die eigentliche Fabrikation ist damit beendigt.

Es folgt nun noch das Sortieren der Platten nach ihrer Qualität, welche erst nach dem Brennen, je nachdem die Platten bei dem Brande Mängel oder Schönheitsfehler erlitten haben, festgestellt werden kann, und ihre Einlagerung für den Versand.

Für die Kalkulation der Anzahl der benötigten Arbeitskräfte wurde die normale Gesamtleistung der vorhandenen Pressen während eines zehnstündigen Arbeitstages als Grundlage angenommen. Diese Pressenleistung betrug 30200 Platten, und das Gewicht dieser Platten war zufällig gleich dem Gewichte der Ladung eines Eisenbahnwaggons zu 15000 kg Ladefähigkeit.

Es konnte also als *Kalkulationseinheit* ein Quantum Rohmaterial angenommen werden, welches der Ladung eines Eisenbahndoppelwaggons zu 15000 kg entsprach. Da die Fabrik Eisenbahnanschlußgleis besaß und das Rohmaterial mit der Eisenbahn herangeschafft wurde, konnte mit der Ermittelung der benötigten Arbeitskräfte an dem Anschlußgleise begonnen werden.

Die angestellten Ermittelungen ergaben, daß die Verarbeitung des für die Tagesleistung von 30200 Platten benötigten Rohmaterials im Gewichte von 15000 kg die folgenden Arbeiten und Anzahl von Arbeitern bei der betreffenden Unternehmung erforderte[1]):

---

[1]) Derartige Kalkulationsmethoden sind bereits von *Pantzer, R.*, und *Galke, R.*, „Leitfaden für den Ziegeleimaschinenbetrieb", München und Berlin 1910, Seite 38 und folgende, angegeben.

Hauptarbeiten.

Abladen des Rohmaterials aus dem Waggon	4	Arbeiter	3	Stunden
Transport zu den Trommelmühlen und Einbringen der Masse in die Mühlen	4	„	6	„
Beaufsichtigung der Trommelmühlen	1	„	10	„
(Transport in die Filterpressen geschah automatisch durch maschinelle Vorrichtung)	—	„	—	„
Arbeit an den Filterpressen	4	„	12	„
Transport auf die Trockenböden	2	„	11	„
Transport zu den Kollergängen und Beschickung der Kollergänge	2	„	11	„
(Transport zu den Pressen, geschah automatisch durch maschinelle Vorrichtung)	—	„	—	„
Arbeit an den Pressen	20	„	10	„
Desgl. außerdem weibliche Arbeitskräfte	20	„	10	„
Transport auf die Trockenböden	3	„	12	„
Transport zum Brennhaus	3	„	12	„
Einsetzen in die Öfen (Einkapseln)	4	„	11	„
Desgl. außerdem weibliche Arbeitskräfte	5	„	10	„
Beaufsichtigung der Öfen während des Brennens, 1 Mann 20 Stunden, das sind	2	„	10	„
Ausräumen der Öfen	6	„	5	„
Desgl. außerdem jugendliche Arbeitskräfte	8	„	5	„
Auspacken der Kapseln, Sortieren und Auslegen auf Latten	1	„	12	„
Desgl. außerdem weibliche Arbeitskräfte	10	„	12	„
Desgl. außerdem jugendliche Arbeitskräfte	2	„	12	„
Transport zum Glasurzimmer	3	„	6	„
Glasieren	4	„	4	„
Desgl. außerdem jugendliche Arbeitskräfte	3	„	4	„
Transport zu den Glasuröfen, weibliche Arbeitskräfte	20	„	12	„
Einsetzen in die Glasuröfen	5	„	15	„
Beaufsichtigung der Glasuröfen während des Brennens	3	„	13	„
Ausräumen der Glasuröfen und Auskapseln	7	„	14	„
Desgl. außerdem jugendliche Arbeitskräfte	8	„	14	„
Transport auf das Lager	7	„	3	„
Desgl. außerdem jugendliche Arbeitskräfte	8	„	3	„
Lagerarbeiten, wie Sortieren, Schichten, Transportieren usw. bis einschließlich Einladen in den Versandwaggon	10	„	10	„
Beihilfe bei diesen Lagerarbeiten bis einschließlich Einladen in den Versandwaggon, außerdem jugendliche Arbeitskräfte	25	„	10	„

Nebenarbeiten.

Massezubereitung	3	Arbeiter	14	Stunden
Kapsel- und Würsteformung	4	„	15	„
Desgl. außerdem jugendliche Arbeitskräfte	1	„	15	„
Transport der Kapseln und Würste	4	„	11	„
Allgemeine Hilfs- und Hofarbeiten	7	„	10	„
Schlosser in der Schlosserei	9	„	10	„
Maschinist und Heizer	2	„	10	„

Um aus der vorstehenden Aufstellung die für die Unternehmung erforderliche Anzahl von Arbeitskräften zu bestimmen, muß man zunächst die Arbeiterzahl auf die Normalarbeitszeit von 10 Stunden umrechnen. Dies geschieht, indem man die Minusstunden gegen die Plusstunden verrechnet. Es ist klar, daß, wenn z. B. für die Transporte:

auf die Trockenböden	3	Arbeiter	12 Stunden
zum Brennhaus	3	„	12 „
zum Glasurzimmer	3	„	6 „

benötigt werden, die *gesamte* Transportarbeit von diesen 9 Arbeitern in 10 Stunden geleistet werden kann. Die 3 Arbeiter für den Transport zum Glasurzimmer, welcher bereits in 6 Stunden erledigt ist, brauchen nur während der ihnen übrigbleibenden 4 Stunden bei den Transporten auf die Trockenböden und zum Brennhaus mitzuhelfen.

In derselben Weise hat die Betriebsorganisation dafür zu sorgen, daß auch die anderen Arbeiten zwischen den zu wenig beschäftigten Arbeitern und den zuviel beschäftigten Arbeitern richtig verteilt werden. Zu berücksichtigen ist dabei nur, daß für die richtige Verteilung der Arbeit besondere Arbeitergruppen zu bilden sind, in welchen die Verteilung stattfindet, also die betreffenden Facharbeiter in je eine ihrem Fache entsprechende Gruppe und die unproduktiven Arbeiter, die weiblichen und die jugendlichen Arbeiter ebenfalls in je eine Arbeitergruppe eingeteilt werden.

In der Praxis wird diese Arbeitsverteilung ja nicht täglich von neuem und in gleicher Weise vor sich gehen können, weil die Arbeit an einzelnen Stellen nicht täglich dieselbe ist. So wird z. B. in dem vorliegenden Beispiel nicht täglich gerade ein Eisenbahndoppelwaggon Rohmaterial abgeliefert werden, so daß täglich gerade nur ein Doppelwaggon auszuladen ist. Gleicherweise wird auch nicht der Versand der Fertigfabrikate und mithin das Verladen in die Eisenbahnwaggons täglich der gleich große sein. Die Anfuhr des Rohmaterials und ebenso die Abfuhr der Fertigfabrikate wird vielmehr an einzelnen Tagen größer, an anderen Tagen geringer sein und an manchen Tagen ganz ausfallen.

Gerade in diesem Umstand, daß die Arbeit nicht täglich die gleiche ist, liegt der Grund für die so häufig sich findende Beschäftigung von überzähligen Arbeitern, welche durch die an sie gezahlten Löhne die Kosten der Produktion unnötig erhöhen. Um hier erfolgreich einzugreifen und die Arbeit richtig zu verteilen, bedarf es einer auf das beste durchdachten Arbeitsorganisation.

In dem vorliegenden Beispiel ergab nun die Berechnung der täglich benötigten Arbeitskräfte folgendes Resultat:

Die Gruppe der Facharbeiter umfaßte die Schlosser, den Maschinisten, Heizer und die Brenner, welche letzteren die Beaufsichtigung der Öfen während des Brennens auszuüben hatten.

Alle übrigen Arbeiter waren ungelernte bzw. nur für einzelne Handgriffe angelernte Arbeiter, welche nur in die Gruppen der männlichen, weiblichen und jugendlichen Arbeiter zu scheiden waren.

Für die Schlosserarbeiten waren 90 Arbeitsstunden notwendig, mithin erforderlich bei der damals noch zehnstündigen Arbeitszeit 9 Schlosser.

Für die Arbeit des Maschinisten und des Heizers entfielen auf einen jeden derselben 10 Arbeitsstunden, zusammen 20 Arbeitsstunden, mithin waren erforderlich 1 Maschinist und 1 Heizer.

Für die Beaufsichtigung der Öfen waren 59 Arbeitsstunden notwendig, mithin erforderlich 6 Brenner.

Für die Arbeiten der ungelernten und angelernten männlichen Arbeiter waren 1040 Arbeitsstunden notwendig, mithin erforderlich 104 männliche Arbeiter.

Für die Arbeiten der weiblichen Arbeiter waren 610 Arbeitsstunden notwendig, mithin erforderlich 61 weibliche Arbeiter.

Für die Arbeiten der jugendlichen Arbeiter waren 477 Arbeitsstunden notwendig, mithin erforderlich 48 jugendliche Arbeiter.

Es waren also unter den damaligen Verhältnissen notwendig:

	17	Facharbeiter
	104	männliche Arbeiter
	61	weibliche Arbeiter
	48	jugendliche Arbeiter
Gesamtarbeiterzahl:	230	Personen.

An Stelle dessen beschäftigte die Fabrik damals 22 Facharbeiter, 177 ungelernte bzw. angelernte männliche Arbeiter, 54 weibliche Arbeiter und 30 jugendliche Arbeiter, insgesamt 283 Personen.

Es wurden also nicht nur 53 männliche Arbeiter zuviel beschäftigt, sondern es wurden außerdem auch von den übrigen männlichen Arbeitern eine Reihe von Arbeiten ausgeführt, welche ebensogut und billiger von weiblichen bzw. jugendlichen Arbeitskräften hätten ausgeführt werden können.

Daß diese Überzahl an Arbeitern und die unrichtige Auswahl der Arbeitskräfte die Kosten der Produktion ganz erheblich erhöhten, ist selbstverständlich.

Bei vielen industriellen Unternehmungen wird über die „Höhe“ der jährlich aufzuwendenden Lohnsummen geklagt, welche die Produktionskosten der Unternehmung derart erhöhen, daß nur ein geringer Gewinn oder gar kein Gewinn aus der Wirtschaft der Unternehmung erzielt werden könne.

Es wird dann versucht, diesem Übelstande durch Herabsetzung der Arbeitslöhne, bzw. Heranziehung billigerer Arbeitskräfte abzuhelfen. *Die Folge hiervon ist jedoch meistens nur eine Verschärfung der sozialen Gegensätze zwischen Arbeitnehmer und Arbeitgeber oder eine Verschlechterung der Qualität der Fabrikate.*

Beides ließe sich vermeiden, wenn durch die fachmännische Begutachtung in der vorbeschriebenen Weise ermittelt würde, daß der Grund für das ungünstige Resultat der Unternehmung gar nicht in der „Höhe“ der Löhne, sondern vielmehr in dem Mangel einer fein ausgebildeten Betriebsorganisation liegt, welcher die Beschäftigung zu vieler Arbeitskräfte oder für einzelne Arbeitsleistungen zu teuerer Arbeitskräfte im Gefolge hat.

---

e) Allgemeine wirtschaftliche Momente.

Das Grundproblem der Produktionsorganisation einer jeden industriellen Unternehmung ist die Erreichung derjenigen größtmöglichen Produktivität[1]), welche gleichzeitig die höchste Rentabilität der Unternehmung verbürgt.

Die Rentabilität der Unternehmung ist jedoch einerseits von den Produktionskosten und anderseits von den Verkaufspreisen der Fabrikate abhängig.

Da nun die Verkaufspreise unabhängig von dem Unternehmerwillen sich auf dem allgemeinen Markte durch Angebot und Nachfrage regeln, bleibt für die Erreichung einer hohen Rentabilität nur der Weg der möglichst billigen Produktion übrig.

„Produktion“ bedeutet ganz allgemein die Herstellung eines auf dem allgemeinen Markte verkaufbaren und daher auch brauchbaren Fabrikates[1]).

---

[1]) Über den Begriff der Produktivität siehe das bereits unter Anmerkung Nr. 1 auf Seite 36 u. f. Gesagte.

[1]) *Philippovich, Eugen v.*, sagt hierüber in seinem „Grundriß der politischen Ökonomie“, Tübingen, 1. Band, 13. Auflage 1919, Seite 136:

„Die Produktion ist ein technischer Vorgang, der von bestimmten wirtschaftlichen Erwägungen begleitet ist. Das technische Element liegt in der Herstellung

Einerseits produziert nun eine Unternehmung dann am billigsten, wenn sie ihre gesamten Produktionsmittel auf die Höchstgrenze ihrer normalen Leistungsfähigkeit bringt. Andererseits ist die Produktivität der Unternehmung von der Leistungsfähigkeit der zur Verfügung stehenden Produktionsmittel abhängig.

Es ergibt sich also hieraus, daß „möglichst billige Produktion" und „größtmögliche Produktivität" der Unternehmung an der Höchstgrenze der Leistungsfähigkeit der Produktionsmittel zusammentreffen, d. h. daß eins das andere bedingt.

Die Leistungsfähigkeit der gesamten vorhandenen Produktionsmittel begrenzt den Höhepunkt der Produktivitätsmöglichkeit der Unternehmung.

Den Höhepunkt ihrer Produktion erreicht die Unternehmung, wenn sie mit der größtmöglichen Quantität der Fabrikate gleichzeitig auch die für ihre Zwecke bestmögliche Qualität derselben erzielt.

Eine Herabsetzung der Qualität der Fabrikate zugunsten der Quantität derselben oder umgekehrt, ein Herabsetzen der Quantität zugunsten der Qualität, ist stets gleichbedeutend mit einer Erhöhung der Produktionskosten, denn diese Herabsetzung nach der einen oder der anderen Richtung, ist stets mit einer nicht vollständigen Ausnützung der vorhandenen Betriebsmittel verbunden. Jede nicht vollständige Ausnützung von Betriebsmitteln hat jedoch, wie dies bereits in den vorangegangenen Kapiteln näher ausgeführt worden ist, eine Erhöhung der Kosten der Produktion zur Folge.

Wenn nun auch Produktivität und Rentabilität der Unternehmung in einem voneinander abhängigen Verhältnis stehen, so darf dennoch aus der Rentabilität einer Unternehmung nicht ohne weiteres ein Schluß auf ihre Produktivität gezogen werden.

Die Rentabilität kann eine große sein und trotzdem die Produktivität eine geringe, wenn nämlich die Verkaufspreise hohe und die Produktionskosten niedrige sind. Umgekehrt kann auch

---

von sachlichen Brauchbarkeiten, das wirtschaftliche in der Wahrung des Prinzips der Wirtschaftlichkeit. Produktion ist demnach in letzter Linie Beherrschung der Natur durch Anpassung ihrer stofflichen Elemente an die Bedürfnisse der Menschen. Für die Menschheit, als Ganzes der Natur gegenüber betrachtet, ist die Produktion das einzige Mittel der Gütergewinnung . . .

Produktion und Erwerb decken sich daher nicht. Der Erwerb setzt eine verkehrswirtschaftliche Organisation voraus, die Produktion nicht."

eine Unternehmung eine sehr große Produktivität aufweisen und sich dennoch nur sehr mäßig rentieren.

Das Ziel einer jeden industriellen Unternehmung bleibt aber stets das Erwirtschaften einer möglichst großen Rentabilität, und daher auch, um dieses Ziel zu erreichen, das Streben nach einer möglichst billigen Produktion.

In den vorangegangenen Kapiteln ist bereits dargelegt worden, daß die Kosten der Produktion in der Hauptsache abhängig sind von dem Standorte der Unternehmung, von der Art und dem Umfange der Betriebsanlagen und von der Leistung der Arbeiterschaft.

Bis zu einem gewissen Grade sind die aus diesen Grundbedingungen sich ergebenden Kosten der Produktion von dem Willen des Unternehmers unabhängig. Darüber hinaus steht es jedoch in dem Willen des Unternehmers, die Kosten der Produktion zu vermindern durch weiteren Ausbau und Verbesserung der Betriebsanlagen, durch Schaffung etwa fehlender Verkehrsmittel, durch Einführung verfeinerter Arbeitsmethoden, Ausscheidung einzelner Fabrikate aus der Produktion, durch geeignete Auswahl der Arbeiterschaft sowie bessere Arbeitsteilung und Arbeitsvereinigung derselben, und endlich durch Angliederung ergänzender Betriebe an seine Unternehmung zwecks Zusammenfassung verschiedener Produktionsstufen.

Durch die letztere Maßnahme, d. h. durch die Kombination mehrerer Betriebe, erzielt der Unternehmer zunächst den Vorteil, die Qualität der von ihm benötigten Hilfsfabrikate im eigenen Betriebe selbst zu bestimmen und zu sichern. Alsdann erlangt er aber auch den noch größeren Vorteil, den über die Herstellungskosten hinausgehenden Unternehmergewinn der fremden Unternehmung, welchen er bis dahin bei Ankauf der Hilfsfabrikate mit bezahlen mußte, zu ersparen.

Es ist nun eine der vornehmsten Aufgaben der fachmännischen Beurteilung, ein begründetes Urteil darüber abzugeben, ob und welche der soeben erwähnten Maßnahmen sich für die betreffende Unternehmung empfehlen, um die Produktion zu verbilligen.

Hierbei muß jedoch eine jede einzelne industrielle Unternehmung für sich individuell beurteilt werden, da die Verhältnisse bei anderen Konkurrenzunternehmungen, selbst wenn dieselben sich an dem gleichen Standorte befinden, nicht maßgebend für die Beurteilung der zu begutachtenden Unternehmung sind.

Die Erfahrung lehrt vielmehr, daß Fabrikbetriebe desselben Produktionszweiges an einem Orte nebeneinander, also anscheinend unter den gleichen Produktions- und Verkaufsverhältnissen, arbeiten können und dennoch ganz verschiedene Produktions- und Verkaufskosten haben. Es ergibt sich hieraus, daß nicht allein die örtliche Lage und die Art der Betriebsanlagen die Entwickelung der Produktion und des Verkaufes bestimmen, sondern daß auf dieselben auch noch andere Faktoren von Einfluß sind.

Die Organisation der Verwaltung, des technischen Betriebes und des kaufmännischen Außenverkehrs, das den einzelnen Unternehmungen zur Verfügung stehende Kapital, sowie ihr Ruf und ihr Kredit, die Kombination mit ergänzenden Betrieben, die Art und der Umfang ihrer Reklame, ihre Kundschaft, die Fähigkeiten der Geschäftsleitung, die Schulung der technischen Beamten und der Arbeiterschaft, die Differenzierung der Produktionsmethoden und ähnliches mehr werden stets bei den einzelnen Unternehmungen voneinander verschieden sein.

Eine Folge hiervon ist, daß auch die gesamten Verhältnisse, sowie die Produktions- und Verkaufskosten der einzelnen Unternehmungen voneinander verschiedene sind.

Ist dies schon bei den Unternehmungen des gleichen Produktionszweiges der Fall, welche an ein und demselben Orte nebeneinander arbeiten, so wird es noch viel mehr der Fall sein bei Unternehmungen, welche verschiedene voneinander weit entfernte Standorte haben.

Hier werden auch noch die Bezugsverhältnisse des Rohmaterials und der Betriebsmaterialien, die Bedingungen, unter welchen Verkehrsmittel und Arbeitskräfte zur Verfügung stehen, die verschiedene Höhe der Abgaben und anderes mehr von wesentlichem Einfluß auf die Verschiedenheit der gesamten Selbstkosten sein.

Aus allen diesen Umständen erklärt es sich auch, warum die einzelnen Unternehmungen eines und desselben Produktionszweiges einen ganz verschiedenen Umsatz in ihren Fabrikaten erzielen und ganz verschiedene Rentabilität aufweisen, selbst dann, wenn ihre Fabrikate in der Qualität gleichwertig und auch die Verkaufspreise die gleichen sind.

Die fachmännische Prüfung wird daher alle diejenigen Momente, welche im besonderen für die kritische Beurteilung der zu begutachtenden industriellen Unternehmung von Bedeutung sind, zu ermitteln und gegeneinander abzuwägen haben.

Aber sowohl bei den Ratschlägen zur Verbesserung der Betriebsanlagen als auch zu Änderungen in den Produktionsmethoden ist die äußerste Vorsicht und vorherige reifliche Überlegung dringend geboten, weil jede derartige Verbesserung und Änderung erfahrungsgemäß verhältnismäßig große finanzielle Opfer erfordert. Solche Opfer zu bringen, kann aber nur dann empfohlen werden, wenn der aus denselben zu erwartende günstige Erfolg so begründet als möglich *nachgewiesen* werden kann.

Im besonderen ist zu beachten, daß es stets wünschenswert ist, die Stetigkeit der Produktion zu bewahren. Eine jede Unterbrechung der Produktion ist stets mit Kosten verknüpft, weil die allgemeinen Generalunkosten für die Erhaltung der Anlagen, für die Verwaltung usw. nicht ebenfalls ohne weiteres aufgehoben werden können. Außerdem besteht bei einem Übergange zu einer *neuen* Produktion die Gefahr, daß aus Mangel an Erfahrungen oder Kenntnissen der Geschäftsleiter und technischen Beamten der Unternehmung in der neuen Produktion diese gänzlich mißlingt. Alle Anfänge einer *neuen* Produktion verlangen erfahrungsgemäß das zu bezahlende sogenannte „Lehrgeld“, welches die alten Produktionen nicht mehr aufzuwenden haben. Alte Unternehmungen können wegen ihrer bereits ausgebildeten Organisation und ihrer erprobten Arbeitsmethoden daher auch billiger produzieren als diejenigen Unternehmungen, welche die gleiche Produktion erst neu aufnehmen, und sie behalten diesen Vorsprung auch noch jahrelang inne.

Auch die Erhöhung der bestehenden Produktion ist nur mit Vorsicht zu empfehlen, denn es erhöht sich durchaus nicht etwa der Reinertrag der Unternehmung in dem gleichen Verhältnis wie die Erhöhung der Produktion zu der bisherigen erfolgt.

Eine jede Produktionserhöhung, welche eine Erweiterung der Betriebsanlagen bedingt, erhöht vielmehr auch den Koeffizienten der Produktionskosten. Sie vermindert daher die Rentabilität, wenn nicht gleichzeitig durch Verbesserung der Organisation, Verfeinerung der Produktionsmethoden oder Änderungen ähnlicher Art Ersparnisse an den Kosten erzielt werden.

Um sich hierüber klar zu werden, braucht man nur an die Schwierigkeiten zu denken, welche sich einer Erhöhung der Produktion und damit auch einer Erweiterung der Betriebsanlagen in den Weg stellen.

Die erhöhte Produktion verlangt gebieterisch ein größeres Anlagekapital und, zwecks Verzinsung desselben, auch einen umfangreicheren Verkauf. Dieser ist aber nicht ohne weiteres herbeizuführen. Die Konkurrenz anderer Unternehmungen stellt sich dem entgegen, und es müssen daher entferntere Absatzgebiete neu gewonnen werden. Dadurch wachsen die Transportkosten für die Fabrikate, ihr Verkaufspreis erhöht sich dementsprechend und bleibt nicht mehr konkurrenzfähig gegenüber dem Verkaufspreise derjenigen Konkurrenz, deren Standort zu diesen neuen Absatzgebieten günstiger liegt. Auch ist ein größeres Betriebskapital für die Beschaffung des Rohmaterials und der Betriebsmaterialien erforderlich. Der Bezug der benötigten Menge an Rohmaterial wird schwieriger. Hierdurch verteuert sich wiederum das Rohmaterial. Das für die Erhöhung der Produktion erforderliche Kapital kann jedoch nicht beliebig vermehrt werden. Ebensowenig kann die technische und kaufmännische Leistungsfähigkeit der Unternehmung beliebig vergrößert werden. Erfordert doch die erhöhte Produktion fachlich und kaufmännisch ausgebildete Hilfskräfte, welche nicht immer in geeigneter Auswahl zur Verfügung stehen. Im besonderen ist der Kreis der für die Leitung der vergrößerten Unternehmung befähigten Personen ein kleinerer.

Ferner muß berücksichtigt werden, daß auch die von dem Unternehmerwillen unabhängigen Bedingungen der Produktion und des Verkaufs einem Schwanken und auch dauernden Veränderungen unterworfen sind, wodurch das Risiko der vergrößerten Unternehmung erhöht wird. Dies ist z. B. der Fall, wenn infolge von Konjunkturschwankungen die Preise der Rohmaterialien steigen, oder wenn der Absatz der Fabrikate durch neu entstandene Konkurrenzunternehmungen erschwert wird oder infolge Rückganges des Bedürfnisses bei den Konsumenten ganz aufhört.

Auch kann der erforderliche Kostenaufwand für die zwecks Steigerung der Produktion notwendige Verbesserung und Vergrößerung der Betriebsanlagen ein so großer sein, daß seine Aufwendung sich nicht lohnen würde.

Der Verkaufswert des Fabrikates muß stets größer sein als der Wert der aufgewendeten Kosten. Da ersterer je nach der Konjunktur schwankt, letzterer in seiner Mindestgrenze feststeht, bleibt die aus einer Erhöhung der Produktion erwartete größere Rentabilität stets nur eine Wahrscheinlichkeitsberechnung.

Empfehlenswerter als die Erhöhung der Produktion wird daher in den meisten Fällen die Spezialisierung und Typisierung der Produktion sein, d. h. ihre Beschränkung auf einzelne der bisherigen Fabrikate, welche nur wenig voneinander verschieden sind.

Die Spezialisierung und Typisierung der Produktion hat stets eine Verminderung der Produktionskosten und damit auch eine Erhöhung der Produktivität der Unternehmung im Gefolge.

Der Grund hierfür liegt in der erhöhten Leistungsfähigkeit der Unternehmung, welche sich aus der Verbilligung und Vervollkommnung der stets gleichmäßig und gleichartig vor sich gehenden Arbeit ergibt.

Die Spezialisierung ermöglicht eine ausgedehntere Arbeitsteilung bei der Herstellung der Fabrikate, sie vereinfacht mithin die Arbeitsorganisation und erleichtert die Verfeinerung der Arbeitsmethoden.

Die Typisierung ermöglicht die Herstellung einzelner Teile der Fabrikate in größeren Massen und infolge der Austauschbarkeit der einzelnen Teile eine schnellere und billigere Herstellung der Fabrikate.

Im besonderen wird durch die Spezialisierung und Typisierung auch die Arbeitsleistung der Arbeiterschaft gesteigert, denn infolge der fortgesetzten gleichartigen Tätigkeit wird die Geschicklichkeit des einzelnen Arbeiters und dadurch seine Arbeitsleistung erhöht.

Dieser Erfolg kommt sowohl dem Arbeiter als auch dem Unternehmer zustatten. Der Arbeiter zieht infolge seiner vermehrten Geschicklichkeit im Falle von Akkordlohn einen größeren Verdienst aus seiner Arbeitstätigkeit, und der Unternehmer hat, wegen der größeren Leistungsfähigkeit seiner Arbeiterschaft, den Vorteil einer größeren Produktivität seiner Unternehmung und, im Zusammenhange hiermit, einer Herabminderung der Produktionskosten.

Die allgemeinen Kosten der Verzinsung des in den Betriebsanlagen investierten Kapitals, der Erhaltung der Betriebsanlagen in einem produktionsfähigen Zustand, der Verwaltung usw. bleiben dieselben, gleichviel ob die Arbeitsleistung der Arbeiterschaft eine größere oder geringere ist. Die Produktionskosten sind daher verhältnismäßig niedriger, wenn infolge größerer Geschicklichkeit der Arbeiter eine Vermehrung der Quantität und eine Verbesserung der Qualität der Fabrikate stattfindet.

Die Produktionskosten werden aber ferner auch noch niedriger, wenn die durch Spezialisierung und Typisierung der Produktion gesteigerte Arbeitsleistung der Arbeiterschaft noch besonders unterstützt wird durch einen entsprechenden Ausbau der Betriebsanlagen, vermittels Einführung verbesserter Maschinen und Werkzeuge und durch die Ausnützung der wirtschaftlichen Vorteile, welche die Einrichtung eines Großbetriebes gegenüber dem Kleinbetriebe gewährt.

Ist jedoch einerseits die Erhöhung der Produktivität der Unternehmung mit einem gewissen Kapitalsaufwand verknüpft, so erhöht sich andererseits auch die Wahrscheinlichkeit einer größeren Rentablilität der Unternehmung.

Die höhere Leistungsfähigkeit der Unternehmung gewährt die Aussicht auf höhere Verkaufspreise bei gleichzeitiger Verbilligung der Produktionskosten. Damit wächst die Aussicht auf eine höhere Verzinsung des in der Unternehmung investierten Kapitals.

Tritt dieser Fall ein, d. h. vergrößert sich der *Gewinn* der Unternehmung, dann ist hierdurch die Möglichkeit gegeben, die Betriebsanlagen zu verbessern und zu erweitern. Dies bedeutet dann wiederum Erhöhung der Produktion der Unternehmung und als eine Folge davon, wie in dem Vorhergehenden bereits ausgeführt wurde, auch Erhöhung des Risikos.

Zieht man hieraus die Schlußfolgerung, dann muß dieselbe lauten:

Eine vorsichtige Wirtschaftspolitik der industriellen Unternehmung wird die Erhöhung der Produktion nur dann vornehmen, wenn die Unternehmung bereits mit Gewinn arbeitet. Sie wird ferner die Erhöhung der Produktion nur allmählich und nur in dem Umfange vornehmen, wie dies der jeweilig zur Verfügung stehende Gewinn zuläßt. Dadurch paßt die Unternehmung ihre Entwickelung der auch nur stetig fortschreitenden Entwickelung ihres allgemeinen Marktes an und schützt sich vor größeren Kapitalsverlusten.

Das Risiko derartiger Kapitalsverluste ist jedenfalls gegeben, wenn die Unternehmung mit der Erhöhung ihrer Produktion der Entwickelung ihres allgemeinen Marktes vorauseilt.

Eine Erhöhung der Produktion wird nur dann empfehlenswert sein, wenn ihr eine Spezialisierung der Produktion vorangegangen ist.

Nur Unternehmungen, welche ihre Produktion spezialisiert haben, werden erwarten dürfen, sich durch eine stete Erhöhung ihrer Produktion eine Vormachtstellung in ihrem Produktionszweige zu erringen und dadurch auch einen gewissen Einfluß auf die Verhältnisse ihres allgemeinen Marktes und insbesondere auch auf die Verkaufspreise zu gewinnen.

Hat sich jedoch eine Unternehmung zu groß ausgedehnt und tritt der Fall ein, daß sie, durch die Verhältnisse des allgemeinen Marktes gezwungen, ihren Betrieb wieder einschränken oder gar ganz einstellen muß, dann sind erhebliche Kapitalsverluste unvermeidlich. Der Rückgang der Konjunktur für die Fabrikate der betreffenden Unternehmung entwertet gleichzeitig ihre Betriebsanlagen und die vorhandenen Lagervorräte. Durch die Entwertung ist es jedoch unmöglich gemacht, das in beiden Teilen angelegte Kapital in seinem vollen Umfange wieder frei zu bekommen.

Das Rohmaterial, die Fabrikate und ihre Selbstkosten.

Wenn das Rohmaterial für die Unternehmung geeignet sein und eine billige Produktion ermöglichen soll, dann muß es in seiner Qualität den Ansprüchen, welche an die Qualität des aus ihm zu fertigenden Fabrikats gestellt werden, entsprechen. Es muß ferner im Verhältnis zu seinem Werte billig zu beschaffen sein, und es muß die Gewißheit vorliegen, daß seine Qualität und seine Beschaffungsmöglichkeit in ausreichender Quantität auch noch für lange Jahre hinaus die ununterbrochene Produktion der Unternehmung gewährleisten.

Der Preis des Rohmaterials ist kein feststehender und läßt sich nicht für Jahre voraus bestimmen. Er ist gleich dem einer jeden anderen Ware der Konjunktur auf dem allgemeinen Markte unterworfen. Wenngleich nun die Selbstkosten der Produktion wesentlich von dem Preise des Rohmaterials beeinflußt werden, so ist der allgemeine Marktpreis des Rohmaterials dennoch nicht von einschneidender Bedeutung für die Rentabilität der Unternehmungen des betreffenden Produktionszweiges, weil alle Unternehmungen desselben Produktionszweiges von der Konjunktur des Rohmaterialpreises gleichmäßig betroffen werden. Es pflegt daher auch stets dem Steigen des Rohmaterialpreises eine entsprechende Erhöhung der Verkaufspreise der Fabrikate zu folgen.

Einen Einfluß auf die Rentabilität der einzelnen Unternehmung übt das Steigen des Rohmaterialpreises nur insofern aus, als nicht alle Unternehmungen in der Lage sind, größere Vorräte von Rohmaterial bei günstiger Konjunktur einzukaufen und einzulagern um bei ungünstig werdender Konjunktur bis zur Erhöhung der Verkaufspreise einen Vorteil aus diesen früheren billigeren Einkäufen des Rohmaterials zu ziehen.

Auch pflegt die Erhöhung der Verkaufspreise nicht unmittelbar mit dem Steigen des Rohmaterialpreises zusammenzufallen, so daß in der Zwischenzeit die Rentabilität der einzelnen Unternehmung mehr oder minder unter dem Steigen des Rohmaterialpreises leidet.

Von wesentlich größerem Einfluß auf die Gesamtwirtschaft der einzelnen Unternehmung als der Preis des Rohmaterials ist nach dem Vorhergesagten die Beschaffungsmöglichkeit des Rohmaterials in genügender Qualität und ausreichender Quantität.

Die Verfeinerung der allgemeinen Lebenshaltung hat sich in vielen Produktionszweigen dadurch bemerkbar gemacht, daß die Ansprüche der Konsumenten an die Qualität der Fabrikate wesentlich gestiegen sind. Infolgedessen ist auch die Verwendung mancherlei Rohmaterials, welches in früherer Zeit wegen der damals auf dem Markte gehandelten geringeren Qualität der Fabrikate noch brauchbar war, heute nicht mehr möglich.

Es müssen vielmehr bessere Rohmaterialien verwendet werden, und es kommen dadurch alle diejenigen Unternehmungen in eine üble Lage, deren Standort seinerzeit in Rücksicht auf das in derNähe des Standortes vorkommende Rohmaterial bestimmt worden war.

Ist dieses Rohmaterial dann nicht mehr verwendbar und kein besseres in der Nähe zu haben, dann ist der Standort der Unternehmung meistens ein verfehlter, weil das benötigte Rohmaterial nunmehr vielleicht nur aus sehr weiter Ferne beschafft werden kann und die Kosten seiner Heranschaffung die Rentabilität der Unternehmung vernichten[1]).

---

[1]) Dem Verfasser ist in seiner Praxis der Fall begegnet, daß eine Unternehmung der keramischen Industrie vor Jahren wegen eines aufgeschlossenen Tonbergwerkes in unmittelbarer Nähe desselben errichtet worden war, um das geförderte Tonmaterial zu verwerten. Dieses Tonmaterial gestattete nur die Herstellung von Fabrikaten einer minderwertigen Qualität. Im Laufe der Jahre war jedoch, besonders durch inzwischen an anderen Orten neu errichtete Konkurrenzunternehmungen, das Bedürfnis nach Fabrikaten besserer Qualität geweckt worden, so daß es der betreffenden Unternehmung nicht mehr möglich war, mit ihren aus dem minderwertigen Rohmaterial hergestellten Fabrikaten zu konkurrieren. Sie war infolgedessen gezwungen, für ihren Bedarf an besserem Rohmaterial eine neue

Der gleiche Fall ergibt sich auch dann, wenn die bisherige Bezugsquelle für das Rohmaterial der Unternehmung versiegt. Dieser Fall tritt verhältnismäßig oft bei industriellen Unternehmungen ein, welche in der Erde ruhende Rohmaterialien fördern und, zwecks anschließender Verarbeitung derselben, in unmittelbarer Nähe der Fundstätten errichtet sind, also z. B. bei Ziegeleien, Kalksandsteinfabriken, mit Steinbrüchen verbundenen Steinmetzbetrieben, mit Erzgruben verbundenen Hüttenwerken, Braunkohlenbrikettfabriken, Petroleumraffinerien und ähnlichen Unternehmungen mehr[1]).

Was die Qualität der Fabrikate anbetrifft, so liegt es selbstverständlich im Willen des Unternehmers, die Qualität der Fabrikate willkürlich zu bestimmen, soweit es einerseits die Qualität des Rohmaterials zuläßt und andererseits ihm das nötige Kapital zur Verfügung steht, um alle Aufwendungen machen zu können, welche für die Erzielung eines Fabrikates *bester* Qualität aus dem zur Verarbeitung kommenden Rohmaterial notwendig sind.

Daß ein Fabrikat stets nur in bestmöglicher Qualität hergestellt wird, ist für den allgemeinen Markt durchaus nicht erforderlich, im Gegenteil benötigt der allgemeine Markt aus jedem Produktionszweige verschiedene Qualitäten, weil die Bedürfnisse und die Kaufkraft der Konsumenten verschiedene sind.

Um ein Beispiel hierfür zu geben, sei hier auf die Erzeugnisse der Webereien hingewiesen, welche Leinenstoffe, Tuche, Seiden-

Bezugsquelle zu suchen, und konnte dieselbe nur sehr weit von ihrem Standorte entfernt finden. Die Kosten ihrer Produktion verteuerten sich dadurch derartig, daß eine Rentabilität der Unternehmung mit ihren bisherigen Produktionsmethoden nicht mehr zu erzielen war. Die Unternehmung sah sich daher genötigt, große Kapitalien neu aufzuwenden, um ihre gesamten maschinellen Einrichtungen für neue verbesserte Produktionsmethoden umzuändern und sich dadurch vorläufig wenigstens eine bescheidene Rentabilität in der Hoffnung auf eine später vielleicht günstiger werdende Konjunktur zu sichern.

[1]) Gleichfalls sind dem Verfasser in seiner Praxis mehrfach Fälle begegnet, in welchen die ursprünglichen Rohmaterialgruben, wegen derer die betreffenden Fabriken (Ziegeleien und Braunkohlenbrikettfabriken) unmittelbar an ihnen errichtet worden waren, im Laufe der Jahre erschöpft waren, so daß die betreffenden Unternehmungen ihren Betrieb entweder stillegen oder weiter von ihnen entfernt liegende Rohmaterialgruben neu erwerben mußten, um weiter produzieren zu können. In letzterem Falle wurden jedoch die Transportkosten für die Heranschaffung des neuen Rohmaterials ebenfalls derartig hohe, daß die Unternehmungen nur noch eine geringe Rentabilität erzielten, und auch diese nur durch die peinlichste Beobachtung der allergrößten Sparsamkeit in ihrer Gesamtwirtschaft.

stoffe, Teppiche usw. in verschiedenen Qualitäten herstellen müssen, um dem verschiedenartigen Bedarfe der Konsumenten gerecht zu werden.

Auch kann als ein weiteres Beispiel für den verschiedenartigen Qualitätsbedarf auf die Fabrikate für die Herstellung von Gebäuden hingewiesen werden. Während man für die Fassaden von Wohnhäusern in großen Städten nur beste natürliche Bausteine oder von den mechanisch hergestellten Mauersteinen nur Steine bester Qualität, die sogenannten Verblendsteine, verwendet, bevorzugt man für die Hintermauerung und für die Herstellung von kleineren Nebengebäuden, ferner für Fabrikgebäude und kleinere Gebäude auf dem Lande die Steine einer geringeren Qualität, weil dieselben im Preise billiger sind und dabei den an sie zu stellenden Ansprüchen genügen.

Gleichfalls verwendet man für die Herstellung der Haupteingangstüren, der Haupttreppen usw. in den besseren Gebäuden der großen Städte nur Material bester Qualität, während man für die Türen in den Kellern und auf den Dachböden, sowie für die Nebentreppen minderwertige Materialien, weil billiger und trotzdem zweckentsprechend, bevorzugt.

Eine jede industrielle Unternehmung muß jedoch, um die größtmögliche Produktivität und damit auch die billigste Produktion und größtmögliche Rentabilität zu erzielen, ihre Fabrikate in derjenigen besten Qualität herstellen, welche sie mit ihren Betriebsmitteln aus dem ihr zur Verfügung stehenden Rohmaterial erreichen kann.

Es heißt dies also, daß vom wirtschaftlichen Standpunkte aus eine jede industrielle Unternehmung sich entweder nach dem ihr zur Verfügung stehenden Rohmaterial richten und aus ihm ihre Fabrikate in bestmöglicher Qualität herstellen muß, oder daß sie eine bestimmte Qualität der Fabrikate ins Auge faßt und sich das in seiner Qualität hierfür gerade noch ausreichende Rohmaterial beschafft. In beiden Fällen müssen die Betriebsmittel der Qualität des Rohmaterials und der Fabrikate angepaßt sein.

Eine jede Verwendung besseren und mithin teueren Rohmaterials als für die **gewünschte** *Qualität der Fabrikate notwendig ist, ist unwirtschaftlich, erhöht unnötigerweise die Produktionskosten und verringert infolgedessen die Rentabilität der Unternehmung.*

Das gleiche ist der Fall, wenn ein vorhandenes besseres, also wertvolleres Rohmaterial nicht ausgenützt und aus ihm ein Fabrikat minderwertiger Qualität hergestellt wird, obgleich man, ohne Erhöhung der Produktionskosten oder doch ohne wesentliche Erhöhung dieser Kosten, eine bessere Qualität des Fabrikates aus ihm hätte herstellen können.

In diesem Falle liegt das Unwirtschaftliche in der Außerachtlassung des Umstandes, daß die bessere Qualität auch einen höheren Verkaufspreis rechtfertigt und erzielt, welchen Vorteil die betreffende Unternehmung unbenützt läßt.

Der Preis eines jeden Fabrikates auf dem allgemeinen Markte regelt sich durch Nachfrage und Angebot. Es wird jedoch nur dann dauernd ein Angebot des Fabrikates möglich sein, wenn die Nachfrage damit einverstanden ist, einen Preis für das Fabrikat zu bezahlen, welcher die „Selbstkosten“ des Unternehmers deckt und darüber hinaus noch einen Gewinn für ihn, als Entschädigung für seine Unternehmermühe, sein Risiko und zur Bestreitung seines Lebensunterhaltes, einschließt.

Die Nachfrage hat jedoch ein berechtigtes Interesse daran, keinen höheren Preis für das Fabrikat zu bezahlen, als die unbedingt notwendigen Selbstkosten der Produktion und des Verkaufes sowie die Gewährung eines diesen Selbstkosten entsprechenden Unternehmergewinnes erfordern. Diesem Interesse der Nachfrage wird das Angebot dadurch gerecht, daß die Konkurrenz der verschiedenen Produktionsunternehmungen den Marktpreis des Fabrikates bis auf denjenigen Betrag hinunterdrückt, welcher bei möglichst billigster Produktion und möglichst billigster Verkaufsorganisation noch einen angemessenen Unternehmergewinn gewährt.

Um nun denjenigen Betrag zu ermitteln, welcher die „Selbstkosten“ deckt und darüber hinaus noch einen angemessenen Unternehmergewinn enthält, bedarf eine jede industrielle Unternehmung einer genauen Kalkulation ihrer wirklichen „Selbstkosten“.

Eine derartige Kalkulation benötigt als Unterlage nicht nur eine ordnungsmäßige *Buchführung* der Unternehmung, sondern im besonderen auch sehr differenzierte und sorgfältig geführte *statistische Nachweisungen*, aus welchen die Kosten der verschiedenen Arbeitstätigkeiten, des verbrauchten Rohmaterials, des Aufwandes an Betriebsmitteln und aller derjenigen Beträge im einzelnen sich ergeben, welche man unter der Bezeichnung „Generalunkosten“ oder „allgemeine Regiespesen“ zusammenzufassen pflegt. Diese Nachweise müssen jedoch getrennt für die „Produktion“ und den „Verkauf“ geführt werden, da sie sonst keinen richtigen Überblick ergeben. So müssen z. B. die Spesen des „Einkaufes“ von denen des „Verkaufes“ getrennt werden. Wenn solche Unterlagen fehlen, ist eine *genaue* Kalkulation niemals mit Gewähr für ihre Richtigkeit aufzustellen. Eine jede industrielle Unternehmung, welche die Führung derartiger statistischer Nachweisungen unterläßt, begibt sich daher in die Gefahr, ihre Fabrikate zu Preisen zu verkaufen, welche einen Gewinn für sie nicht mehr enthalten.

Im besonderen setzt sich eine jede industrielle Unternehmung, welche ihre Selbstkosten überhaupt nicht kalkuliert, sondern ihre Verkaufspreise nur nach denen ihrer Konkurrenz bestimmt, der größten Gefahr aus, mit Verlust zu verkaufen und dadurch langsam aber sicher ihrem Untergange zuzusteuern.

Nur die genaueste Kalkulation der Selbstkosten gibt einen sicheren Aufschluß darüber, an welchen Punkten die Wirtschaftsorganisation der industriellen Unternehmung verbesserungsbedürftig ist. Sie sichert ferner die Möglichkeit der *rechtzeitigen* Inangriffnahme von Maßnahmen, durch welche Verluste vermieden und Gewinne erzielt werden.

Ganz besonders wird die Kalkulation der Selbstkosten aber dann ihren Zweck erfüllen, wenn sie sich nicht nur auf die Ermittelung der einzelnen Kostenbeträge beschränkt, sondern, wie es allein richtig ist, auch die Bedeutung der einzelnen Kostenelemente gegeneinander abwägt und wertet.

Die **„Selbstkosten“** *einer jeden industriellen Unternehmung setzen sich zusammen aus den „Produktionskosten“ und den „Verkaufskosten“, sowie aus „außergewöhnlichen Kosten“*[1].

Bei der Feststellung der Selbstkosten ist zu beachten, daß zu den „Produktionskosten“ alle diejenigen Aufwendungen gehören, welche notwendig sind, um das Fabrikat zu erzeugen; dagegen zu den „Ver-

[1]) *Ausschuß für wirtschaftliche Fertigung im Verein deutscher Ingenieure*, „Grundplan der Selbstkostenberechnung“, 2. Ausgabe, Berlin 1921, und „Richtige Selbstkostenberechnung als Grundlage der Wirtschaftlichkeit industrieller Unternehmungen und als Mittel zur Besserung der Wettbewerbsverhältnisse“, Berlin 1921.

Leitner, Friedrich, Die Selbstkostenberechnung industrieller Betriebe, 7. Auflage. Frankfurt a. M. 1921.

kaufskosten" alle diejenigen Aufwendungen, welche notwendig sind, um das erzeugte Fabrikat zu verkaufen.

Die Produktion bedingt die Beschaffung des Rohmaterials; sie bedarf der Betriebsmittel für die Fabrikation und ist beendet mit dem Momente der Fertigstellung des Fabrikates.

Der Verkauf bedingt das Aufsuchen der Verkaufsgelegenheit und den Abschluß der Lieferung. Er übernimmt das fertig hergestellte Fabrikat, trägt die Sorge dafür, daß es dem Käufer in gutem Zustande abgeliefert wird, und bewirkt die weitere Abwicklung des Lieferungsgeschäftes.

Sowohl zu den Produktionskosten als zu den Verkaufskosten können Ausgaben kaufmännischer wie technischer Art gehören.

So sind z. B. zu den Produktionskosten die kaufmännischen Kosten des Einkaufes aller Rohmaterialien und Betriebsmittel zu rechnen.

In sinngemäßer Weise sind zu den Verkaufskosten auch alle diejenigen Ausgaben technischer Natur zu rechnen, welche den *Verkauf* des Fabrikates herbeiführen sollen: also z. B. die Kosten für die Herstellung von technischen Zeichnungen, welche den Verkaufsofferten beigegeben werden; ebenso auch die Kosten von Ingenieurreisen, durch welche die technischen Unterlagen für die Ausarbeitung der Verkaufsofferte beschafft werden sollen, und die Kosten der Montage, z. B. von Maschinen, Eisenkonstruktionen usw., am Orte der Verwendung dieser Objekte, zwecks Ablieferung derselben in gebrauchsfähigem Zustande. Gleichfalls die Kosten, welche aufgewendet werden müssen, um das fertige Fabrikat in gutem Zustande zu erhalten, auch wenn die hierzu nötigen Arbeiten rein technischer Natur sind.

Zerlegt man die gesamten Kosten der Wirtschaft einer industriellen Unternehmung in ihre einzelnen Bestandteile und ordnet man sie, je nach dem Zwecke, für welchen sie aufgewendet sind, in bestimmte Gruppen, so ergeben sich die folgenden Resultate:

A. Produktionskosten sind:

1. Alle *Mieten* und *Pachten*, welche für die Benützung von Betriebsmitteln aller Art, also z. B. für Arbeits- und Lagerräume, für gepachtete Kraftmaschinen usw. gezahlt werden, soweit es sich dabei um die Fabrikation und nicht um den Verkauf handelt.

2. Im Falle es sich nicht um gemietete oder gepachtete Fabrikationsräume und Fabrikationsmittel handelt, sondern um eigene Fabrikanlagen, treten an die Stelle der Mieten und Pachten *die Zinsen des in diesen Anlagen investierten, noch nicht amortisierten Kapitals*, soweit es der Fabrikation und nicht dem Verkaufe dient.

Im besonderen handelt es sich hierbei um die Kapitalszinsen aus den folgenden der Fabrikation dienenden Objekten:

Grund und Boden, soweit er von der Fabrikation in Anspruch genommen wird.

Fabrikgebäude und Räume für den technischen Betrieb; also nicht nur die Kesselräume, Kraftanlagenräume, Werkstätten, Lagerräume für Rohmaterialen, Halbfabrikate usw., sondern auch die Betriebsmagazine, technischen Büros usw.

Maschinen und maschinelle Einrichtungen aller Art, sowie Heizungs-, Beleuchtungs- und Wasserversorgungsanlagen für die Fabrikationsräume.

Werkzeuge, Utensilien und Mobilien, soweit dieselben dem technischen Betriebe dienen.

Fuhrpark und Transportgeräte aller Art, Bahnanschlußgleise, Verladebühnen, Schiffsanlegebrücken usw., soweit sie nicht dem Verkaufe dienen.

3. *Die Kosten der Instandhaltung aller Produktionsmittel*, wie Gebäude, Maschinen, Werkzeuge, Verladebühnen usw.

4. *Die Wertverminderung aller Produktionsmittel*, welche durch die Abnützung und das Altern bedingt wird.

5. *Die Kosten für Heizung, Beleuchtung und Wasserversorgung* aller der Fabrikation dienenden Stätten.

6. *Die Kosten der Kraftbeschaffung.* Wenn die Betriebskraft im eigenen Betriebe erzeugt wird, gehören hierher die Kosten des Feuerungsmaterials, also der Verbrauch an Kohlen und anderem Feuerungsmaterial, die Löhne für Maschinisten, Heizer und Hilfsarbeiter, der Verbrauch an Schmier- und Putzmaterial für die Kraftmaschinen, der Wasserverbrauch usw. — Außerdem die schon weiter oben erwähnten Kosten, wie Verzinsung, Abnützung, Instandhaltung usw.

Wird die Betriebskraft von auswärts, z. B. von einem Elektrizutätswerk, bezogen, so gehören hierher die hierfür zu zahlendenAbgaben und die daneben noch im eigenen Betriebe entstehenden Kosten.

In sinngemäßer Weise sind auch die Kosten einer Wasserkraft bei der Kalkulation zu berücksichtigen.

7. *Der Wert des verbrauchten Rohmaterials.* Dieser Wert ist selbstverständlich loco Verbrauchsort zu bestimmen, also einschließlich Zoll-, Fracht- und sonstiger Spesen.

8. *Der Verlust an Rohmaterial bei der Fabrikation und durch die Lagerung*, soweit dieser Verlust nicht durch Weiterverwertung des Abfalles und der Ausschußstücke vermindert wird.

9. *Der Verbrauch und Verlust an Betriebsmaterialien* aller Art, wie Schmiedekohlen, Schmiermaterial, Putzmaterial, Schleifmaterial usw.

10. *Arbeitslöhne aller Art.* Also nicht nur die für die Herstellung des Fabrikates an die Facharbeiter und angelernten Arbeiter gezahlten Löhne für produktive Arbeiten, sondern auch die Löhne für unproduktive Nebenarbeiten, z. B. Reinigen der Werkstätten und Maschinen usw., sowie die Löhne für unproduktive Hilfsarbeiter, wie Kranführer, Wächter, Handlanger, Hofarbeiter, Packer, Magazinarbeiter usw.

11. *Die Gehälter aller für den technischen Betrieb beschäftigten Beamten.* Zu diesen gehören nicht nur die technischen Betriebsleiter, Ingenieure, Techniker, Werkmeister, Magazinverwalter usw., sondern auch die für den Einkauf aller Betriebsmittel, sowie für die Lohnführung und die Fabrikkorrespondenz tätigen kaufmännischen Beamten. Ferner gehört hierher auch ein Teilbetrag für die Arbeitskraft des Geschäftsleiters, wenn die gesamte kaufmännische und technische Verwaltung von *einer* Person geleitet wird.

12. *Die Kosten für die Herstellung oder Beschaffung von Zeichnungen, Modellen, Mustern* usw., sowie die Kosten etwa vorhandener *Laboratorien* für Untersuchung der Rohmaterialien und der Fabrikate.

13. *Die Kosten für Prüfung des Fabrikates*, z. B. *Probelauf von Maschinen* und für sonstige vor Ablieferung des Fabrikates notwendige Probeversuche.

14. *Die Kosten für Unterhaltung des Fuhrparks*, bzw. Benützung des Bahnanschlußgleises usw., soweit diese Transportmittel für die Heranschaffung von Materialien, Betriebsmittel usw. benützt werden.

15. *Die Kosten des Einkaufes und der Heranschaffung aller Betriebsmittel und Materialien* und die allgemeinen Kosten der tech-

nischen Betriebsverwaltung. Also z. B. auch die Reisespesen der Einkaufs- und Betriebsbeamten, die Porto-, Telephon- und Telegrammkosten der Einkaufs- und Fabrikkorrespondenz, die Kosten der ankommenden Emballage, soweit dieselben nicht durch Weiterverwertung der Emballage vermindert werden usw.

16. *Die Kosten für Patente, Gebrauchsmuster und Lizenzen.*

17. *Die Prämien für Feuerversicherung aller Betriebsmittel,* sowie für Haftpflichtversicherung und sonstige Risiken des Fabrikationsbetriebes.

18. *Die Beiträge zur Berufsgenossenschaft,* sowie die für die Arbeiterschaft und das technische Personal zu leistenden Beiträge für die *Invaliditäts-, Alters- und Angestelltenversicherung* und für *Krankenkassen.*

19. Die für die Fabrikation zu zahlenden *Steuern* und *Abgaben* aller Art, wie z. B. auch Flußkatasterbeiträge usw.

B. Verkaufskosten sind:

1. *Alle Mieten und Pachten,* welche für die Benützung von kaufmännischen Betriebsmitteln, wie kaufmännische Büros, Verkaufs- und Lagerräume, Ausstellungsräume, Fuhrpark usw. zu zahlen sind.

2. *Die Zinsen des in den kaufmännischen Betriebsmitteln investierten, noch nicht amortisierten Kapitals,* falls diese kaufmännischen Betriebsmittel dem Fabrikanten zu eigen gehören, da die Zinsen in diesem Falle an die Stelle der Pachten und Mieten treten.

Im besonderen gehören hierher die folgenden kaufmännischen Betriebsmittel, soweit sie nicht der Fabrikation dienen:

Grund und Boden, soweit er von der kaufmännischen Verwaltung in Anspruch genommen wird.

Gebäude für die kaufmännische Verwaltung; also kaufmännische Büros, Archivräume, Verkaufsläden, Ausstellungsräume, Lagerräume für die fertigen Fabrikate, Pack- und Expeditionsräume für den Versand usw.

Maschinen und maschinelle Einrichtungen für den Versand, wie Packpressen, Verladekrane, Wiegevorrichtungen usw., Werkzeuge, Utensilien und Mobiliar für die vorerwähnten kaufmännischen Betriebsräume und Installationen für ihre Heizung, Beleuchtung und Wasserversorgung.

Vorräte an fertigen Fabrikaten.

Fuhrpark und Transportgeräte aller Art, Bahnanschlußgleise, Verladebühnen, Schiffsanlegebrücken usw., soweit sie nicht der Fabrikation dienen:

Drucksachen für die Reklame, Preislisten, Kataloge usw.

3. *Die Kosten der Instandhaltung aller kaufmännischen Betriebsmittel*, wie Gebäude, Maschinen und Geräte für den Versand, Fuhrpark usw.

4. *Die Wertverminderung aller kaufmännischen Betriebsmittel*, wie Gebäude, Maschinen für den Versand usw., welche durch das Altern und die Abnützung derselben bedingt wird.

5. *Die Kosten für Heizung, Beleuchtung, Wasserversorgung usw.* aller kaufmännischen Büros und sonstigen Verkaufs- und Lagerräume.

6. *Die Gehälter, Tantiemen usw. aller kaufmännischen Beamten*, zu welchen auch die Kalkulationsbeamten zu rechnen sind, soweit sie nicht für den *Einkauf* der Produktionsmittel tätig sind. Ferner ein Anteil für die Tätigkeit des Geschäftsleiters, falls die gesamte kaufmännische und technische Geschäftsleitung von *einer* Person erledigt wird.

7. *Die Zinsen des in den überzähligen Vorräten von Rohmaterialien und Betriebsmaterialien ruhenden Kapitals*, da das Halten von Vorräten in größeren Massen eine kaufmännische Maßnahme und keine technische Notwendigkeit ist.

8. *Die Kosten für die Feuerversicherung und sonstigen Versicherungen* der gesamten kaufmännischen Betriebsmittel, einschließlich der Versicherungskosten der überzähligen Rohmaterialien, Betriebsmaterialien und Lagervorräte von Fertigfabrikaten, sowie die Kosten der Haftpflichtversicherung usw. für den kaufmännischen Betrieb.

9. *Die Beiträge zur Invaliditäts-, Alters- und Angestelltenversicherung*, sowie zu Krankenkassen usw. für das kaufmännische Personal, soweit es nicht für den *Einkauf* der Produktionsmittel tätig ist.

10. *Die Arbeitslöhne und Spesen für das Verpacken und die Expedition der verkauften Fabrikate.* Hierher gehören also auch die Betriebskosten des Fuhrparks bzw. ähnlicher Transportmittel, wie Bahnanschlußgleise usw., soweit diese Transportmittel für den Versand der Fabrikate und den Verkauf derselben benützt werden.

11. *Die Kosten der gesamten kaufmännischen Korrespondenz*, wie Porti, Telegramme, Telephongebühren und sonstige *allgemeine*

Kosten der kaufmännischen Verwaltung, einschließlich der Kosten des Abschlusses und der Abwicklung der Lieferungsverträge.

12. *Die Kosten beim Versand des Fabrikates für Emballagen, Verschiffungen, Bahnfrachten, Zölle und Montagen*, soweit dieselben nicht von dem Käufer des Fabrikates bezahlt werden.

13. *Die Kosten für Repräsentation, Reklame, Geschäftsreisen, Verbandsbeiträge*, Teilnahme an Ausstellungen usw.

14. *Die Steuern und Abgaben*, welche für den kaufmännischen Gewerbebetrieb zu entrichten sind.

15. *Die Risikoprämie*, d. h. ein auf Grund von statistischen Unterlagen zu berechnender Betrag für Ausfälle aller Art, die beim Verkauf entstehen.

C. *Außergewöhnliche Kosten.*

Wie bereits weiter oben angedeutet, sind durch die im vorstehenden aufgezählten Produktions- und Verkaufskosten die *Selbstkosten* der industriellen Unternehmung noch nicht erschöpft.

Neben den reinen Produktions- und Verkaufskosten hat eine jede Unternehmung noch eine Reihe von anderen Kosten, welche jedoch nicht in den Verkaufspreis der Ware eingerechnet werden dürfen, *weil sie den allgemeinen Marktwert der Ware nicht erhöhen.* Diese Kosten, welche auch ganz unregelmäßige sind und daher als *unvorhergesehene Kosten* bezeichnet werden, bilden für die Unternehmung einen *direkten Verlust* und müssen von dem Gewinne der Unternehmung getragen werden.

Derartige *unvorhergesehene Kosten* sind z. B. die Wertverminderungen, welche die Fertigfabrikate mangels genügenden Verkaufs durch Lagern und Unmodernwerden erleiden, die Kosten der Aufschließung neuer Absatzgebiete und der Ausführung von Studien und Versuchen zwecks Herausbringen von neuen Konstruktionen, Mustern und Modellen, die verlustbedeutend aufgewendeten Löhne und Materialverluste durch Ausschußarbeit, die Kosten von Rechtsstreitigkeiten, die Verkaufsprovisionen und Vertretersubventionen, die zu zahlenden Zinsen bei Inanspruchnahme von Krediten und ähnliches mehr.

Obgleich nun die *Selbstkosten* der Unternehmung sich aus den Produktionskosten, den Verkaufskosten und den vorerwähnten außergewöhnlichen Kosten zusammensetzen, werden dennoch die fachmännische sowie die kaufmännische Begutachtung, welche eine genaue Kalkulation der Selbstkosten aufstellen müssen, genau zu untersuchen haben, welche Kostenbeträge im einzelnen aus diesen Gruppen für die Kalkulation der Verkaufspreise der Unternehmung verwendet werden dürfen, und welche anderen Kosten als außergewöhnliche, also als *Verluste* anzusehen und von der Kalkulation auszuschließen sind.

Es muß hierbei von der fachmännischen bzw. kaufmännischen Begutachtung mit einer ganz besonderen Sorgfalt vorgegangen werden, da auch von den Produktionskosten und den Verkaufskosten nur diejenigen Beträge als wirkliche Selbstkosten in die Kalkulation eingesetzt werden dürfen, welche wirklich notwendig sind. Durch unrichtige Produktion oder überspannten Verkauf, wie z. B. übermäßige Reklame, verursachte Kosten gehören nicht in die Selbstkostenkalkulation hinein, sondern auf das Verlustkonto der Unternehmung.

Ferner müssen die Zuschläge, welche für *allgemeine Regiekosten* auf die Löhne zu machen sind, richtig ermittelt und auf die *einzelnen Lohnkategorien* richtig verteilt werden.

Die Kosten eines jeden Fabrikates setzen sich naturgemäß zusammen aus den für die Herstellung des Fabrikates aufgewendeten Arbeitslöhnen, den Kosten des Materials, unter Berücksichtigung des Materialverlustes, und den übrigen allgemeinen Unkosten der Unternehmung.

Man pflegt nun derartig zu kalkulieren, daß man das Verhältnis dieser *allgemeinen Unkosten oder allgemeinen Regiespesen* zu den Löhnen feststellt und einen diesem Verhältnisse entsprechenden prozentualen Aufschlag auf die Löhne macht.

Hierbei geht man von der Erfahrung aus, daß die einzigen sicheren Grundlagen für die Kalkulation der Selbstkosten die gezahlten Arbeitslöhne und der Wert des verbrauchten Materials sind.

Diese beiden Faktoren lassen sich für jedes einzelne Arbeitsstück ganz genau feststellen. Alle anderen das Arbeitsstück noch belastenden Unkosten lassen sich meistens nur aus einer am Ende einer gewissen Betriebsperiode festzustellenden Gesamtsumme berechnen und dann prozentual auf die einzelnen Arbeitsstücke, bzw. auf die für diese gezahlten Löhne, verteilen.

Um sich dieses klar zu machen, braucht man sich nur zu vergegenwärtigen, daß für das einzelne Arbeitsstück nicht nur die Löhne für die Facharbeiter gezahlt worden sind, welche das Arbeitsstück herstellten, die sogenannten *produktiven* Löhne, sondern daneben auch noch Löhne für notwendige Nebenarbeiten aller Art, die sogenannten *unproduktiven* Löhne. Derartige unproduktive Löhne sind z. B. die Löhne für Kranführer, Hofarbeiter, Wächter, Handlanger und ähnliche. Von diesen Löhnen belastet ein gewisser Anteil, welcher sich jedoch im einzelnen nicht genau angeben läßt, ein jedes Arbeitsstück.

In gleicher Weise wie die Gesamtheit dieser unproduktiven Löhne prozentual auf die produktiven Löhne des einzelnen Arbeitsstückes zugeschlagen werden muß, muß dies auch mit den übrigen allgemeinen Unkosten, wie z. B. Platzmiete, Kraftverbrauch, Putz- und Schmiermaterial, Hilfswerkzeuge, Beleuchtung usw. geschehen.

Es ergibt sich daher, daß der Verkaufspreis eines Fabrikates sich zusammensetzt aus den produktiven Löhnen, dem verbrauchten Material einschließlich des Materialverlustes, den anteiligen allgemeinen Fabrikationsunkosten, einschließlich der unproduktiven Löhne, den anteiligen Verkaufs- und Verwaltungskosten und dem Unternehmergewinn.

In vielen Unternehmungen findet man, daß die Kalkulation derartig vorgenommen wird, daß das Verhältnis der gesamten allgemeinen Regiespesen, im Jahresdurchschnitt, zu den Gesamtlöhnen ermittelt und dann gleichmäßig prozentual auf die einzelnen Arbeitslöhne aufgeschlagen wird.

Diese Art der Kalkulation ist deshalb unrichtig, weil die verschiedenen Lohnkategorien auch verschieden auf die allgemeinen Unkosten der Unternehmung einwirken und aus diesem Grunde auch verschiedenartige prozentuale Aufschläge bedingen.

Die Arbeit des Drehers z. B. wird dem Unternehmen größere Unkosten verursachen als die Arbeit des Schlossers. Bei der Dreherarbeit ist zunächst der Platzzins für die Drehbank zu berücksichtigen, dann die Verzinsung des in der Drehbank investierten Kapitals und die Betriebskosten der Drehbank durch Kraftverbrauch, Abnützung, Verbrauch an Drehstählen, Schmier- und Putzmaterial usw. Die Schlosserarbeit verlangt dagegen nur einen Schraubstock und weniges Handwerkszeug. In ähnlicher Weise unterscheidet sich wiederum die Schmiedearbeit von den beiden vorhergehenden, weil bei dieser der Verbrauch an Schmiedekohlen usw. zu berücksichtigen ist.

Bei einer *richtigen* Kalkulation wird man daher einen weit größeren Prozentsatz der allgemeinen Unkosten auf den Dreherlohn zuzuschlagen haben als auf den Schlosserlohn und wiederum einen anderen Zuschlag auf den Schmiedelohn usw. machen müssen.

Auf der genauen Ermittelung aller durch die Produktion und den Verkauf des Fabrikates bedingten Unkosten und auf der richtigen prozentualen Verteilung der allgemeinen Unkosten auf die verschiedenen Lohnkategorien beruht die Richtigkeit der Kalkulation überhaupt.

Diese Kalkulation mit der größten Sorgfalt aufzustellen, sollte als eine Hauptpflicht einer jeden industriellen Unternehmung angesehen werden, denn *die richtige Kalkulation der Selbstkosten ist eine der wesentlichsten Grundbedingungen für die Rentabilität der Unternehmung*[1]).

Die noch vielfach verbreitete Ansicht mancher Fabrikantenkreise, daß es sich nicht lohne, die Kosten für eine derartige genaue Selbstkosten-Kalkulation aufzuwenden, falls die Erzeugnisse, z. B. in einer Maschinenfabrik, ziemlich gleichmäßig durch Schmiede, Dreherei, Hobelei usw. gehen müssen, ist entschieden abwegig, denn eine richtige Selbstkostenberechnung ist das einzige Mittel, eine Preisbildung auf gesunder Grundlage zu ermöglichen. Nur die genaueste Kenntnis aller Einzelheiten ermöglicht es, die Unter-

---

[1]) Siehe auch *Leitner, Friedrich*, „Die Selbstkostenberechnung industrieller Betriebe". 7. Auflage. Frankfurt a. M. 1921. Seite 23.

„*Die wesentlichste Aufgabe der Selbstkostenberechnung* besteht in der Berechnung des Aufwandes der technischen Arbeit an Stoff, Kraft und Zeit, weil diese Faktoren die Kosten des Produktionsprozesses und damit den Preis der Arbeit bedingen. Damit ist die Notwendigkeit eines geordneten Selbstkostenwesens bewiesen: Der technische Prozeß ist im einzelnen und in seiner Gesamtheit auf seine Wirtschaftlichkeit zu prüfen; die wirtschaftlichen Aufwendungen für den Arbeitsprozeß muß der Produzent kennen. Die Kostenberechnung ermöglicht es dem Unternehmer, Produktionswert vom Verkaufswert, die Selbstkosten vom Reinertrag zu trennen, die Rentabilität der Unternehmung und ihrer Teile zu bestimmen, den ganzen Betrieb auf seine Ordnungsmäßigkeit zu kontrollieren, die Wirtschaftlichkeit neuer Einrichtungen zu ermitteln u. v. a."

Ferner auch: *Ausschuß für wirtschaftliche Fertigung im Verein deutscher Ingenieure*, „Richtige Selbstkostenberechnung als Grundlage der Wirtschaftlichkeit industrieller Unternehmungen und als Mittel zur Besserung der Wettbewerbsverhältnisse", 2. Aufl. Berlin 1921. Seite 5: „Richtige Selbstkostenberechnung ist deshalb auch eines der wirksamsten Mittel, um den technischen und wirtschaftlichen Fortschritt zu fördern. Hierin liegt ihre weit über das Interesse des Einzelbetriebes hinausgehende Bedeutung für die Gesamtheit."

nehmung günstig zu entwickeln, und bildet zugleich die Unterlage für den Erfolg der Unternehmung.

Ohne eine richtige Selbstkostenkalkulation kann niemals bestimmt werden, wie weit die Verkaufspreise für den allgemeinen Markt herabgesetzt werden können, um der Konkurrenz auf dem Markte zu begegnen und dennoch einen Gewinn übrig zu behalten, welcher das in der Unternehmung angelegte Kapital angemessen verzinst. Auch läßt nur eine derartige Kalkulation ein Urteil darüber zu, an welchen bisher für die Produktion, den Verkauf und die Verwaltung aufgewendeten Kosten gespart werden kann oder gespart werden muß.

Die Grundlagen der kaufmännischen Beurteilung.

Die Grundlagen der kaufmännischen Begutachtung einer industriellen Unternehmung kann man zusammengedrängt in der Weise darstellen, daß man das kaufmännische Wirtschaftsgebiet umschreibt, welches der Begutachtung unterliegt.

Die kaufmännische Wirtschaft einer industriellen Unternehmung beruht auf dem Streben, das in der Unternehmung angelegte Kapital mit Gewinn zu verwerten.

Dieses Streben *nach Gewinn* ist eine notwendige Grundlage der industriellen Unternehmung, denn ohne dasselbe würde sie in dem Konkurrenzkampfe mit den anderen Unternehmungen des gleichen Produktionszweiges nicht bestehen können. Erst das Streben nach Gewinn sichert die rechtzeitige Inangriffnahme aller derjenigen Maßnahmen, welche einen steten Fortschritt in der Entwickelung der Unternehmung bedeuten und dementsprechend auch zu einem Gewinn führen. Ohne einen solchen Fortschritt kann keine Unternehmung auf die Dauer bestehen.

Der Gewinn selbst ist notwendig, um die Geldmittel für die Verbesserung der Betriebsanlagen und die sonstigen fortschrittlichen Maßnahmen zu erhalten.

Wollte eine industrielle Unternehmung sich darauf beschränken, nur immer das in ihr angelegte Kapital zu reproduzieren, dann würden ihr die Mittel fehlen, um mit der Entwickelung des allgemeinen Marktes Schritt zu halten und den steigenden Bedürfnissen der Konsumenten zu genügen. Sie würde dadurch naturgemäß in ihren Erträgnissen zurückgehen und schließlich ihren Betrieb ganz einstellen müssen.

Im einzelnen setzt sich die Tätigkeit der kaufmännischen Wirtschaft einer industriellen Unternehmung aus den folgenden Aufgaben zusammen:

Die Aufstellung eines Arbeitsplanes und in Verbindung damit die Organisation der kaufmännischen Arbeitsverteilung und Arbeitsvereinigung; die Führung ordnungsmäßiger Handelsbücher, sowie sonstiger Nebenbücher und statistischer Zusammenstellungen zum Zwecke der Nachweisung des Vermögensbestandes, der Vermögensverteilung im einzelnen und der Kontrolle der jeweiligen Ergebnisse; die Ermittelung der jeweiligen Lage auf dem allgemeinen Markte der Unternehmung, d. h. des vorliegenden Bedarfes nach Qualität und Menge der Fabrikate, des bereits von anderen Unternehmungen vorhandenen Angebotes, der Zahlungsfähigkeit der Konsumenten und der von ihnen geforderten Zahlungsfristen; die Kalkulation und die Festsetzung der Verkaufspreise; der Verkauf der Fabrikate und in Verbindung damit die Herstellung von Beziehungen zu den Konsumenten durch Hinaussendung von Geschäftsreisenden, Errichtung von Zweigniederlassungen und Agenturen, Anstellung von Vertretern usw.; die Unterstützung aller dieser Verkaufsvermittler durch eine geeignete Reklame, Kataloge, Preislisten, Muster usw.; die Führung eines ordnungsmäßigen Schriftwechsels in Verbindung mit einem geordneten Archive der Unternehmung; der Einkauf aller Produktions- und Betriebsmittel in zweckentsprechender Qualität, stets ausreichender Quantität und billigst möglicher Preislage; die Abwickelung aller Lieferungsgeschäfte einschließlich der Führung etwaiger Rechtsstreite; die Verwaltung des Vermögens der Unternehmung und die Sorge für die stete Mitarbeit aller Vermögensteile an der gewinnwerbenden Tätigkeit der Unternehmung; die rechtzeitige Beschaffung des jeweilig benötigten Betriebskapitals für die Produktion und für die Erfüllung der fälligen Verbindlichkeiten der Unternehmung; die Beschaffung der benötigten Arbeitskräfte für die Erledigung der kaufmännischen Einzeltätigkeiten sowie die Leitung derselben zwecks ordnungsmäßigen Zusammenarbeitens und ihre Überwachung durch geeignete Kontrollen.

Wägt man die verschiedenen Aufgaben der kaufmännischen Wirtschaft einer jeden industriellen Unternehmung gegeneinander ab, dann ergibt sich, daß *die wichtigsten Aufgaben die richtige Vermögensverwaltung*, *der geschickte Einkauf* und *der vorteilhafte Verkauf* sind.

Vorbedingung für die richtige Vermögensverwaltung ist eine geordnete Buchführung.

Die Buchführung umfaßt alle diejenigen Geschäftsvorfälle und Verhältnisse der Unternehmung, welche auf dem Wege des finanziellen Ausgleiches geregelt werden. Dient sie dieserart einerseits als *Unterlage für die finanzielle Abwickelung* aller aus der wirtschaftlichen Tätigkeit der Unternehmung sich ergebenden Verhältnisse, so bietet sie andererseits auch die *maßgebende Kontrolle* für die wirtschaftliche Tätigkeit der Unternehmung selbst. Eine ordnungsmäßige Buchführung gewährt jederzeit einen Überblick darüber, wie die einzelnen Vermögensteile jeweilig verteilt sind, wie hoch der jeweilige Bedarf an Betriebskapital ist, welcher Kapitalsteil zur Zeit zur erneuten Anlage frei ist, welche neuen Eingänge von Vermögenswerten und in welcher Frist zu erwarten sind, welche Verbindlichkeiten eingegangen sind, und welche von diesen sofort und welche anderen erst später und wann erfüllt werden müssen.

Noch leichter ist dieser Überblick und noch besser die Kontrolle, wenn neben den ordnungsmäßigen Handelsbüchern der Unternehmung, je nach der Individualität der letzteren, eine Reihe von Nebenbüchern und statistischen Nachweisungen geführt wird.

Derartige Nebenbücher und statistische Nachweisungen geben jederzeit einen Überblick und eine Kontrolle über den jeweiligen Umsatz der Unternehmung, über seinen Fortschritt oder Rückgang und über den erzielten Bruttoverkaufserlös, ferner über die laufenden Betriebsunkosten, über den Umfang und den Wert der noch in Ausführung begriffenen Lieferungsgeschäfte, über die jeweilige Inanspruchnahme der vorhandenen Produktionsmittel und über ähnliche wichtige Verhältnisse der Unternehmung mehr.

Die Möglichkeit eines steten derartigen Überblickes ist von großer Wichtigkeit. Nur diejenige Geschäftsleitung einer industriellen Unternehmung, welche jederzeit die jeweilige Menge und den Wert der verschiedenen einzelnen Vermögensteile der Unternehmung übersieht, also nicht nur die Summe des in der Unternehmung angelegten Kapitals kennt, sondern auch darüber Bescheid weiß, wie dasselbe zur Zeit verteilt ist, wird ihre Anordnungen für die wirtschaftliche Tätigkeit der Unternehmung richtig treffen können.

Vor allem wird sie jederzeit beurteilen können, ob und welche Vermögensteile für die Ausnützung oder die Überwindung vorliegender Verhältnisse ausreichend zur Verfügung stehen, oder ob die Unternehmung genötigt ist, Kredit in Anspruch zu nehmen. Sie wird dann gleichzeitig wissen, ob die zur Zeit realisierbaren Vermögensteile die Inanspruchnahme des Kredites gestatten, d. h. ob sie es sicher ermöglichen, die geborgten Beträge rechtzeitig wieder zurückzuzahlen.

Gleichfalls wird diejenige Geschäftsleitung, welche das Vermögen der Unternehmung und die Art der einzelnen Vermögensteile genau kennt, einerseits niemals einzelne Teile des Vermögens nutzlos ruhen lassen, andererseits niemals den Kredit der Unternehmung überspannen. Sie wird auch nur dann Kredit in Anspruch nehmen, wenn eine lohnende Anlage des geliehenen Kapitals und die Abwickelung der hiermit verknüpften Geschäfte innerhalb der Darlehensfrist möglich ist.

Eine Sicherheit für den Kreditgeber ist jedoch nur dann vorhanden, wenn der von der Unternehmung in Anspruch genommene Kredit nicht den Wert ihres Gesamtvermögens überschreitet.

Nur in diesem Falle kann von einer soliden Kreditwirtschaft die Rede sein, denn nur wenn das Vermögen der Unternehmung so groß ist, daß im ungünstigsten Falle, d. h. bei dem Verluste des gesamten geborgten Kapitals, dieses aus dem Vermögen der Unternehmung ersetzt werden kann, liegt für den Kreditgeber keine Gefahr vor, das von ihm hergeliehene Kapital zu verlieren.

Vom wirtschaftlichen Standpunkte aus am naheliegendsten ist für eine jede industrielle Unternehmung die Inanspruchnahme eines Kredites bei ihren Lieferanten in Gestalt der von diesen zu liefernden und von der Unternehmung benötigten Rohmaterialien bzw. Halbfabrikate. Die Dauer des Kredites ist möglichst so zu bemessen, daß die gelieferten Rohmaterialien usw. zu Fabrikaten umgewandelt und innerhalb der Kreditfrist mit Gewinn weiterverkauft werden können.

Ein Barkauf der benötigten Rohmaterialien und sonstigen Produktionsmittel bei den Lieferanten ist nur dann vorteilhaft, wenn das für den Barkauf zur Verfügung stehende Kapital weniger Zinsen trägt, als der Skontonachlaß ausmacht, welchen die Unternehmung von den Lieferanten bei Barzahlung bewilligt erhält.

Die ordnungsmäßige Buchführung bietet jedoch nicht allein einen Überblick über die jeweilige Verteilung der einzelnen Vermögensteile und über die fälligen Pflichten und Rechte der Unternehmung, sondern sie bildet auch die Grundlage für die Aufstellung der Bilanz nebst Gewinn- und Verlustrechnung und für die Erstattung des Geschäftsberichtes.

Die Bilanz ist die ziffernmäßige Darstellung der zeitigen Vermögenslage der Unternehmung. Die mit der Bilanz zusammenhängende Gewinn- und Verlustrechnung ist der siffermäßige Nachweis des Ertrages der Unternehmung während des Zeitraumes, für welchen die Bilanz aufgestellt ist. Der Geschäftsbericht erläutert die Bilanz nebst der Gewinn- und Verlustrechnung und berichtet außerdem über diejenigen wichtigen Geschäftsvorfälle, welche aus der Bilanz nebst der Gewinn- und Verlustrechnung nicht unmittelbar zu ersehen sind.

Derartige wichtige Mitteilungen sind z. B. die Höhe des Umsatzes, die Angabe der bereits eingegangenen, jedoch noch nicht zur Ausführung gekommenen Lieferungsaufträge, der Abschluß wichtiger Verträge, welche neue Rechte oder Verpflichtungen der Unternehmung begründen, der Stand oder Verlauf größerer Rechtsstreite und ähnliches mehr.

Der Vergleich der Bilanzen einer Reihe von Jahren miteinander gewährt einen Überblick darüber, wie sich die Vermögenslage der Unternehmung entwickelt hat, und im besonderen, wie sich die einzelnen Vermögensteile zueinander verschoben haben. So kann z. B. aus einem Kassenbestand in einer früheren Bilanz ein Vorrat an Rohmaterial in der neueren Bilanz oder aus einem früheren Vorrat an Fertigfabrikaten später ein Betrag an ausstehenden Forderungen geworden sein. Die Gründe für diese Verschiebung der einzelnen Vermögensteile und die Beurteilung ihrer Folgen für den Ertrag der Unternehmung in den einzelnen Bilanzperioden sind dann wiederum in den Geschäftsberichten angegeben.

Das Bild der Vermögenslage der Unternehmung ergibt sich aus der Bilanz dadurch, daß in ihr einerseits alle einzelnen Vermögens-

teile und andererseits alle Schulden der Unternehmung zusammengestellt sind[1]).

Diese Zusammenstellung erfolgt aus den Handelsbüchern der Unternehmung in Verbindung mit einer Inventuraufnahme aller einzelnen Werte.

Die Entwickelung der Bilanzen beginnt mit der bei der Errichtung der Unternehmung aufzustellenden ersten Bilanz, der sogenannten „Eröffnungsbilanz".

Diese Eröffnungsbilanz enthält auf der Seite der Vermögensteile der Unternehmung, der „Aktivseite", die Zusammenstellung der Werte der Betriebsanlagen, Vorräte und sonstigen Vermögenswerte, also z. B. Grundstücke, Gebäude, Maschinen, Werkzeuge, Utensilien, Rohmaterialien, Betriebsmaterialien, Patente usw., sowie den außerdem vorhandenen Kapitalsbestand, das sogenannte freie Betriebskapital.

Auf der Seite der Schulden der Unternehmung, der „Passivseite", enthält die Eröffnungsbilanz den Gesamtwert der auf der Aktivseite aufgeführten Betriebsanlagen usw. zuzüglich des freien Betriebskapitals, in einem Posten als „Geschäftskapital".

Es ist dies so zu verstehen, daß die Aktivseite der Eröffnungsbilanz die vorhandenen Vermögensteile der Unternehmung, d. h. das gesamte in ihr angelegte Kapital, ausweist. Dieses Kapital

---

[1]) *Rehm, Hermann*, „Die Bilanzen der Aktiengesellschaften usw." 2. Auflage, Berlin und Leipzig 1914, Seite 457 u. f., sagt hierüber:

„Ersehen kann ein Dritter die Lage des Vermögens des Kaufmanns aus einer Bilanz nur, wenn sie *klar* und *wahr* aufgestellt ist.

Die *Bilanzklarheit* (Verbot der Bilanz*verschleierung*) verlangt, daß die in der Bilanz angegebenen wahren Tatsachen nicht unersichtlich, unerkennbar, undeutlich gemacht werden.

Die *Bilanzwahrheit* (Verbot unwahrer Bilanzaufstellung) verlangt:

a) die Angabe des richtigen Wesens der Bilanzposten, die richtige (Gegensatz: deutliche) Benennung der Bilanzposten;

b) die summarische Angabe aller und nur der vorhandenen, d. h. gegenwärtigen Aktiva und Schulden (Passiva). Die Bilanz hat alle vorhandenen positiven und negativen Vermögensstücke anzugeben (Vollständigkeit der Bilanz);

c) die abgekürzte Angabe des wirklichen Wertes jedes Aktivums und jeder Schuld (Passivum), nicht eines angenommenen, also auch nicht eines künftigen und nicht eines vergangenen Wertes. Eine Bilanz ist, soweit der augenblickliche Liquidationswert niedriger ist, vorsichtig, aber nicht wahr aufgestellt, wenn der Wert zugrunde gelegt wird, den die Gegenstände bei sofortiger Auflösung (Liquidation) des Geschäftes hätten, obschon eine Liquidation weder bevorsteht noch wahrscheinlich ist.

Unrichtige Angaben des Wesens, der Zahl und des Wertes der Bilanzposten machen die Lage des Vermögens unersichtlich."

schuldet die Unternehmung jedoch, wenn man sich dieselbe als ein selbständiges, von dem Unternehmer losgetrenntes Wesen vorstellt, ihrem Eigentümer, dem Unternehmer, von welchem sie es gewissermaßen für ihre Wirtschaft geborgt hat.

Die Unternehmung ist daher von dem Augenblicke ihrer Errichtung an mit einer rechnerischen Schuld an ihren Eigentümer belastet, welche gleich ist der Höhe des in ihr angelegten Kapitals, und welche daher buchmäßig unter der Bezeichnung „Geschäftskapital" als die erste eingegangene Verbindlichkeit auf die Passivseite der Eröffnungsbilanz gehört.

Eine Gewinn- und Verlustrechnung ist mit der Eröffnungsbilanz nicht verbunden, weil eine Gewinn- und Verlustrechnung, d. h. die Ermittelung des Ertrages der Unternehmung, erst dann vorgenommen werden kann, wenn die Unternehmung ihre wirtschaftliche Tätigkeit begonnen hat. Dies ist jedoch vor der „Eröffnung" der Unternehmung nicht der Fall.

Beginnt nun die industrielle Unternehmung ihre wirtschaftliche Tätigkeit, dann müssen sich im Laufe der Zeit auch ihre Bilanzen entsprechend weiterentwickeln.

Durch die Produktion entstehen Vorräte von Fabrikaten, zu deren Herstellung Aufwendungen verschiedener Art notwendig waren. Andererseits empfängt die Unternehmung aus dem Verkaufe der Fabrikate Einnahmen und Überschüsse. Gleichzeitig ergeben sich aus diesen Vorgängen, welche nicht immer sofort durch Barzahlungen geregelt werden, Forderungen und Verbindlichkeiten für die Unternehmung. Alle diese Verschiebungen in den Verhältnissen der einzelnen Vermögensteile zueinander kommen entsprechend in den späteren Bilanzen zum Ausdruck.

Die späteren Bilanzen werden also auf der Aktivseite neue Vermögensteile in Gestalt von Warenvorräten, ausstehenden Forderungen an die Kundschaft usw., und auf der Passivseite neue Verbindlichkeiten infolge der bei den Lieferanten der Unternehmung und bei anderen Dritten von der Unternehmung in Anspruch genommenen Kredite usw. ausweisen.

Es ist nun nicht notwendig, daß alle die einzelnen Posten in der Bilanz unmittelbare Sachgüter darstellen. Es können vielmehr auch ideelle Werte in derselben enthalten sein, *falls für die Erwerbung derselben ein bestimmter Betrag gezahlt worden ist.*

Derartige ideelle Werte unter den „Aktiven“ der Bilanz können z. B. Rechte aus Verträgen, wie Abbaurechte von Kohlengruben, Patentschutzrechte und ähnliche mehr sein[1]).

Auch unter den „Passiven“ der Bilanz können derartige ideelle Werte enthalten sein, d. h. nur rechnerische Schulden der Unternehmung, also nicht solche Schulden, welche an Gläubiger der Unternehmung zu zahlen sind. In erster Linie ist dies der Fall mit dem auf der Passivseite der Bilanz stehenden „Geschäftskapital“, ferner auch mit etwaigen auf der Passivseite aufgeführten „Reservefonds“ und ähnlichen Verpflichtungen mehr. Die Posten „Geschäftskapital“ und „Reservefonds“ kennzeichnen nur ziffermäßig die Beträge, welche in der Unternehmung von ihrem Eigentümer angelegt sind. Eine eigentliche Schuld bedeuten sie jedoch nicht, da bei diesen Posten Schuldner und Forderer, d. h. die Unternehmung und ihr Eigentümer, in *einer* Person vereinigt sind. Die Aufführung derartiger nur rechnerischer Schulden in der Bilanz dient daher lediglich dem Zwecke kaufmännisch richtiger und notwendiger Rechnungslegung.

---

[1]) *Rehm, Hermann*, „Die Bilanzen der Aktiengesellschaften usw.“, 2. Auflage, Berlin und Leipzig 1914, Seite 15 u. f., spricht sich hierüber wie folgt aus:

„Der wirtschaftliche Wert der Kundschaft, des Geheimverfahrens eines ausgearbeiteten Projektes zeigt sich in dem vermehrten Absatz, der Wert eines Patentes in gleichem oder in einer Einsparung von Betriebsausgaben. Dasselbe gilt vom Kredit und anderem. Der Wert einer Eisenbahnkonzession erscheint in den Betriebseinnahmen. Bilanzmäßig kommt dies alles aber darin zum Ausdruck, daß der Kaufmann wegen des vermehrten Absatzes ein größeres Warenlager und mehr Bargeld oder Effekten oder Wechsel- und andere Forderungen besitzt. Bei Einsparung an Geschäftsunkosten gehen weniger Werte aus seinem Vermögen hinaus. Mit anderen Worten: Der Wert aller derartigen Güter tut sich schon in anderen, in der Bilanz enthaltenen Aktiven kund. Wollte man sie selbst noch ins Aktivum bringen, so würde eine *Doppelbewertung* stattfinden, und eine solche ist durch HGB. § 40 verboten, indem nach ihm alle Vermögensgegenstände nicht über ihren wirklichen Wert angesetzt werden dürfen. Die nicht greifbaren Vermögensgegenstände sind *bilanzfähig*, wenn für ihren Erwerb oder ihre *Herstellung* (z.B. Akquisition der Kundschaft) *Aufwendungen* gemacht wurden. Dann haben sie einen nicht schon in anderen Vermögensgegenständen mit dargestellten Wert. Verursachte eine Erfindung einen Versuchsaufwand von 50000 oder wurde die Erfindung für diesen Preis käuflich erworben, so darf ein Patentkonto mit 50000 als Aktivum in der Bilanz erscheinen. Nur die ohne allen Aufwand von Geldwerten erworbenen immateriellen Güter, die selbstgewählte Firma, das selbsterworbene Renommee des Geschäftes, die ohne alle Experimentierkosten erfundene Fabrikationsmethode, die selbstentdeckten Bezugs- und Absatzquellen dürfen nicht als besondere Aktiva in die Bilanz Aufnahme finden.“

Die Unterscheidung zwischen Sachwerten und ideellen Werten in der Bilanz ist von besonderer Wichtigkeit für die Beurteilung der finanziellen Lage der Unternehmung.

Solange nämlich die *realisierbaren* Vermögenswerte der Unternehmung ausreichen, um die eigentlichen Schulden derselben, d. h. die Forderungen, welche Dritte (Gläubiger) an die Unternehmung haben, zu bezahlen, ist die Unternehmung *solvent.* Ob der Eigentümer der Unternehmung hierbei einen Teil oder selbst das ganze von ihm in der Unternehmung angelegte Kapital einbüßt, kommt für die Frage der Solvenz der Unternehmung nicht in Betracht.

Es ist also z. B. auch bei Aktienunternehmungen die Aktiengesellschaft *solvent,* solange ihre realisierbaren Vermögensobjekte ausreichen, um die Forderungen ihrer Gläubiger zu befriedigen. Ob ein Teil oder gar das ganze Aktienkapital verloren geht, berührt die Solvenz der Aktiengesellschaft nicht. Die Aktionäre, d. h. die Eigentümer der Aktiengesellschaft, haben selbst im Falle der Liquidation keinen Anspruch darauf, das eingezahlte Aktienkapital zurückgezahlt zu erhalten, solange noch Gläubiger vorhanden sind und befriedigt werden müssen.

Bei Einzelunternehmungen und offenen Handelsgesellschaften ist die Unternehmung sogar über den Umfang ihres eigenen Vermögens hinaus so lange solvent, als auch noch das Privatvermögen des Einzelunternehmers bzw. aller Mitinhaber der offenen Handelsgesellschaft zur Deckung der Gläubigerforderungen ausreicht[1]).

Übersteigen jedoch die eigentlichen Passiven der Unternehmung, d. h. die Gläubigerforderungen aller Art, die vorhandenen realisierbaren Vermögenswerte, dann ist die Unternehmung *überschuldet.* In diesem Falle kann sie ihre Verbindlichkeiten nicht mehr voll erfüllen und muß daher in Konkurs gehen.

Auf dem *Gewinn- und Verlustkonto* wird der Ertrag der Unternehmung ziffermäßig ausgewiesen.

[1]) Solvent, d. h. „zahlungsfähig", ist hier in dem Sinne gebraucht, daß die Forderungen der Gläubiger aus dem Vermögen der Unternehmung überhaupt befriedigt werden können. Die vorübergehenden „Zahlungsschwierigkeiten" oder „Zahlungsstockungen", welche entstehen, sobald Vermögensteile nicht sofort realisiert werden können, sind in diesen Ausführungen, welche sich nur mit dem Kern der Sache befassen wollen, außer acht gelassen.

Es geschieht dies dadurch, daß einerseits, auf der „Sollseite“ dieses Kontos, alle *Unkosten und Aufwendungen* der Unternehmung, und andererseits auf der „Habenseite“ des Kontos der aus dem Verkauf der Fabrikate erzielte *Erlös und sonstige Einnahmen* der Unternehmung verbucht werden.

Zu den Unkosten auf der „Sollseite“ des Gewinn- und Verlustkontos gehört bei einer jeden industriellen Unternehmung in erster Linie die Abnützung der gesamten Betriebsanlagen und ihres Zubehörs durch Altern und durch den Betrieb. Diese Abnützung wird in der Regel durch eine prozentuale „Abschreibung“ von dem ursprünglichen Werte der Betriebsanlagen und ihres Zubehörs zum Ausdruck gebracht. Gleichfalls werden alle diejenigen Verluste auf der „Sollseite“ des Gewinn- und Verlustkontos „abgeschrieben“, welche sich als unvorhergesehene Verluste einstellen, also z. B. der Nichteingang einer ausstehenden Forderung der Unternehmung, weil der betreffende Schuldner zahlungsunfähig geworden ist, und ähnliches mehr.

Außerdem werden auf der „Sollseite“ des Gewinn- und Verlustkontos die auch prozentualen „Abschreibungen“ verbucht, welche bei den ideellen Vermögenswerten vorzunehmen sind, soweit diese, wie z. B. bei Rechten aus zeitlich begrenzten Verträgen, durch den Ablauf der Zeit eine Wertverminderung erfahren[1]).

Weitere auf der „Sollseite“ des Gewinn- und Verlustkontos zu verbuchende Unkosten sind alsdann bei einer jeden industriellen

---

[1]) Siehe auch: *Fischer, Rudolf*, „Die Bilanzwerte, was sie sind und was sie nicht sind“, Teil I, Seite 56. Leipzig 1905:

„Unter Abschreibung versteht man eine der tatsächlichen Abnutzung, Substanzminderung und Entwertung entsprechende allmähliche Herabsetzung der Wertansätze im Inventarium.“

Schiff, Emil, „Die Wertminderungen an Betriebsanlagen in wirtschaftlicher, rechtlicher und rechnerischer Beziehung“. Berlin 1909. Seite 1:

„Die durch Abnutzung und andere Ursachen bedingte allmähliche Entwertung der für den Betrieb von wirtschaftlichen Unternehmungen aller Art erforderlichen Anlagen und Geräte, der technischen Fabrikations- und Betriebsmittel — seien es Baulichkeiten, Maschinen oder andere Besitzstücke — hat für die industrielle Wirtschaft eine grundsätzlich ebenso große Bedeutung, wie die Kosten der Rohstoffe, die Löhne und die sogenannten unproduktiven Ausgaben, die man unter dem Namen ‚Regie‘ zusammenfaßt, sie haben.“

O. M. Lewin, „Die Inventarisierung von Industrie- und Gewerbebetrieben“, 2. Auflage. Berlin 1912. Seite 22:

„Als *erstes Prinzip* bei Feststellung der Abschreibungssätze industrieller Anlagen muß festgehalten werden, daß die *Bemessung* derselben *ganz unabhängig vom jeweiligen Geschäftsergebnis* zu erfolgen hat.“

Unternehmung die gesamten übrigen Produktions- und Verkaufskosten, also die gezahlten Arbeitslöhne, der Wert des verbrauchten Rohmaterials und der verbrauchten Betriebsmaterialien, die gezahlten Abgaben und die gesamten sonstigen allgemeinen Verwaltungskosten der Unternehmung, einschließlich der von ihr gezahlten Zinsen für von ihr in Anspruch genommene Kredite.

Auf der „Habenseite" des Gewinn- und Verlustkontos werden, wie schon vorerwähnt, die gesamten *Erträge* der Unternehmung verbucht. Es sind dies im besonderen der Verkaufserlös der Fabrikate, ferner etwaige vereinnahmte Zinsen und alle sonstigen Einnahmen der Unternehmung, wie z. B. Mietserträge aus Räumen, welche die Unternehmung an Dritte vermietet hat, und ähnliches mehr.

Die Differenz zwischen den Endbeträgen der „Sollseite" und der „Habenseite" ergibt den *Reinertrag* oder den *Gewinn* der Unternehmung, im Falle die Summe der Erträge auf der „Habenseite" höher ist als die Summe der gesamten Unkosten auf der „Sollseite".

Liegt dagegen der umgekehrte Fall vor, d. h. daß die Summe der Unkosten auf der „Sollseite" höher ist als die Summe der Erträge auf der „Habenseite", dann hat die Unternehmung mit *Verlust* gearbeitet.

Der *Reinertrag* oder *Gewinn* der Unternehmung bildet die Verzinsung des in der Unternehmung angelegten Kapitals.

Einen Teil dieses Gewinnes erhält der Eigentümer der Unternehmung zunächst als Risikoprämie für das von ihm durch die Kapitalshergabe getragene Risiko[1]). Darüber hinaus erhält der Unternehmer alsdann die Zinsen für sein in der Unternehmung investiertes Kapital zum landesüblichen Zinsfuße. Risikoprämie und Verzinsung zum landesüblichen Zinsfuße sind daher gleichbedeutend mit einer Erhöhung der Selbstkosten der Unternehmung. Ein anderer Teil des Gewinnes verbleibt in der Unternehmung für den weiteren Ausbau derselben, um sie fortschreitend im Verhältnis des sich verfeinernden und steigenden Bedarfes auf dem allgemeinen Markte weiterentwickeln zu können. Dieser Gewinnanteil vergrößert also das *Vermögen* der Unternehmung bzw. ihres Eigentümers.

---

[1]) Siehe auch *Leitner, Friedrich*, „Privatwirtschaftslehre der Unternehmung". Berlin und Leipzig 1919, Seite 79:

„Das Unternehmereinkommen stellt sich als Ertrag einer Unternehmung mit Einschluß aller Unternehmungsrisiken dar, die in ihrer Gesamtheit als Kapitalsrisiko bezeichnet werden können."

Der dann noch verbleibende Rest des Gewinnes gelangt zur Auszahlung an den Eigentümer der Unternehmung und bildet somit sein vergrößertes *Einkommen* aus seinem in die Unternehmung investierten Kapitalvermögen[1]).

Die *Vermögensvergrößerung* zeigt sich auf der Aktivseite der Bilanz durch die Erhöhung der einzelnen Vermögensteile, wie Geldwerte, Guthaben bei dem Bankier, Vorräte an Rohmaterial oder an Fabrikaten, vergrößerte Betriebsanlagen usw , denn allgemein wird dieser Gewinnanteil nicht in barem Gelde aufbewahrt, sondern zur Stärkung des in der Unternehmung angelegten werbenden Kapitals verwendet.

Auf der Passivseite der Bilanz wird jedoch dieser Gewinnanteil ziffermäßig als „Reservefonds" aufgeführt, um die Erhöhung, welche das Vermögen der Unternehmung durch ihn erfahren hat, rechnerisch auszuweisen und mit der Aktivseite der Bilanz auszugleichen.

Die *Reservefonds* haben den Zweck, in ungünstigen Jahren das Geschäftsergebnis aufzubessern. Dies kann ebensowohl dadurch geschehen, daß einzelne entstandene Verluste aus den Reservefonds gedeckt werden, wie auch dadurch, daß der zur Verteilung kommende geringere Gewinn des ungünstigen Geschäftsjahres durch Entnahmen aus den Reservefonds, d. h. aus den in ihnen angesammelten Überschüssen früherer besserer Geschäftsjahre, erhöht wird. Dadurch wird es ermöglicht, durch Jahre hindurch einen sich gleichbleibenden Gewinnbetrag zur Verteilung zu bringen, was besonders bei Aktiengesellschaften von Vorteil ist, um den Kursstand ihrer Aktien auf gleicher Höhe zu erhalten und vor allzu großen Schwankungen zu bewahren.

In der Bilanz kann jedoch die Vermögensvergrößerung auch enthalten sein, *ohne ziffermäßig in die Erscheinung* zu treten. Dies ist dann der Fall, wenn die Vermögensvergrößerung zu erhöhten Abschreibungen auf einzelne Vermögensteile verwendet wird. *Erhöhte* Abschreibungen sind dann vorgenommen, wenn ein *höherer* Betrag auf die einzelnen Vermögensteile „abgeschrieben" wird, *als ihrer zeitigen tatsächlichen Entwertung entspricht.* Hier-

---

[1]) Siehe auch *Leitner, Friedrich,* „Privatwirtschaftslehre der Unternehmung". Berlin und Leipzig 1919, Seite 79:

„. . . Das Unternehmereinkommen ist eine Mischung von arbeitslosem Besitzeinkommen und einem Arbeitseinkommen — — —"

durch verbirgt einerseits die Unternehmung den von ihr erzielten Gewinn, indem sie die einzelnen Vermögensteile mit einem geringeren Werte, als ihnen tatsächlich innewohnt, in die Bilanz einsetzt — z. B. die gesamten Utensilien mit nur 1 M. — und andererseits verschafft sie sich hierdurch sogenannte *stille Reserven.*

Bildet die geordnete Vermögensverwaltung mit ihrer Buchführung die Grundlage für die Erhaltung des Vermögensbestandes, so bilden andererseits der geschickte Einkauf und der vorteilhafte Verkauf die Grundlage für den Ertrag der industriellen Unternehmung und damit auch für die Vergrößerung des Vermögens.

Die Einkaufspreise und die Verkaufspreise lassen sich jedoch nicht beliebig gestalten. Wenngleich theoretisch für eine jede industrielle Unternehmung der gleiche Grundsatz wie für eine jede kaufmännische Unternehmung gilt, *möglichst billig einzukaufen und möglichst teuer zu verkaufen,* so ist in der Praxis die Durchführung dieses Grundsatzes dennoch an einschränkende Verhältnisse gebunden.

Bei dem *Einkauf* läßt sich nicht immer das billigste Angebot berücksichtigen, weil auch an die Qualität des einzukaufenden Rohmaterials, der Betriebsmaterialien und sonstigen Betriebsmittel bestimmte Ansprüche gestellt werden müssen, welche nicht immer von dem billigsten Angebot befriedigt werden können. Auch kommt es vielfach nicht allein auf die Billigkeit des Angebotes, sondern auch auf die Leistungsfähigkeit des betreffenden Lieferanten hinsichtlich der Quantität der Lieferung, der Kürze der Lieferzeit und der Gewähr für weitere Nachlieferungen an.

Außerdem wird auch der Einkaufspreis für die industrielle Unternehmung in die Höhe getrieben, wenn sie kein genügendes Angebot in den von ihr benötigten Waren auf dem allgemeinen Markte vorfindet.

Gleicherweise ist der *Verkauf* der Fabrikate der industriellen Unternehmung nicht zu einem von ihr beliebig festgesetzten hohen Preise möglich. Der Wettbewerb der einzelnen Unternehmungen desselben Produktionszweiges auf dem allgemeinen Markte und ihre Bemühungen um die vorhandene Kundschaft zwingen vielmehr dazu, die Verkaufspreise denen der Konkurrenz anzupassen.

Dieser Zwang ist um so größer, als eine jede industrielle Unternehmung darauf bedacht sein muß, ihre Fabrikate so schnell als möglich zu verkaufen, um einen möglichst großen Umsatz zu erzielen. Es ist nämlich der Reinertrag nicht allein von der Differenz zwischen dem Herstellungs- und Verkaufspreise, unter Berücksichtigung aller sonstigen Selbstkosten, sondern auch von der Größe des erzielten Umsatzes abhängig.

Die Schnelligkeit des Umsatzes ist auch deswegen von großem Einflusse auf den Reinertrag der industriellen Unternehmung, weil ein langsamer Umsatz erhöhte Selbstkosten der Unternehmung im Gefolge hat. Nicht nur werden für bereits verkaufsbereite aber noch nicht verkaufte Fabrikate Aufwendungen für Lagerräume, Sicherung und Instandhaltung dieser Fabrikate notwendig, sondern es vermindert sich unter Umständen auch der Wert dieser Fabrikate durch längeres Lagern.

Der Umsatz in den Fabrikaten der industriellen Unternehmung kann jedoch nicht beliebig vergrößert werden. Einmal ist er abhängig von der Produktivität der industriellen Unternehmung, d. h. von der durch ihre Betriebsanlagen begrenzten Quantität und der Qualität der von ihr erzeugten und für den Verkauf jeweilig zur Verfügung stehenden Fabrikate. Dann ist er aber auch abhängig von dem auf dem allgemeinen Markte vorhandenen Bedarfe. Dieser regelt sich jedoch unabhängig von dem Willen der Unternehmung durch die Bedürfnisse der Konsumenten und durch das auch noch von anderen Unternehmungen des gleichen Produktionszweiges vorliegende Angebot.

Die Vergrößerung des Umsatzes, welche gleichzeitig eine Ausdehnung des Kundenkreises der industriellen Unternehmung erfordert, ist daher fast immer mit Schwierigkeiten verknüpft, zu deren Überwindung eine gut ausgebildete Organisation des Einkaufes und des Verkaufes das beste Hilfsmittel ist.

Die Organisation des Einkaufes und des Verkaufes kann auf mannigfacher Grundlage geschehen. *In der Hauptsache handelt es sich jedoch stets um das Problem des unmittelbaren oder des mittelbaren Einkaufes bzw. Verkaufes.*

In neuerer Zeit geht das Bestreben dahin, den Zwischenhandel auszuschalten und den unmittelbaren Verkehr zwischen Produzenten und Konsumenten herbeizuführen. Dieser unmittelbare Verkehr bietet zwar in vielen Fällen, sowohl für den Produzenten als auch für den Konsumenten, sehr große Vorteile, ist jedoch nicht in allen Fällen anwendbar und nützlich.

In erster Linie hängt es von der Art der Rohstoffe und der Fabrikate ab, ob ein Zwischenhandel überhaupt ausgeschaltet werden kann, ohne den Ertrag der Unternehmung zu schmälern.

Wenn z. B. eine industrielle Unternehmung einen Teil ihrer Rohstoffe aus dem Auslande beziehen muß, so wird sie kaum den ausländischen Einkäufer bzw. Zwischenhändler ausschalten können, falls sie nicht teurer einkaufen will, als es diesem infolge seiner besseren Landeskenntnisse und seiner besseren Beziehungen zu den dortigen Produzenten möglich ist.

Gleichfalls werden diejenigen Unternehmungen, welche Fabrikate für den täglichen Bedarf der Konsumenten erzeugen, die meistens nur im Kleinhandel von diesen gekauft zu werden pflegen, wie z. B. Seifen, Nägel, Taschenmesser, Nähgarne usw., nicht in der Lage sein, den Zwischenhandel auszuschließen und unmittelbar an die Konsumenten zu verkaufen.

Die beste Gewähr für die Wahrnehmung der Interessen der industriellen Unternehmung bietet einerseits stets der Einkauf und der Verkauf durch eigene Beamte, bzw. durch eigene Vertreter der Unternehmung, welche sich deren Interessen ausschließlich widmen. Andererseits wird jedoch die beim Einkauf oder Verkauf aufgewendete Energie dann eine größere sein, wenn der Einkäufer bzw. Verkäufer nicht ein festes Einkommen von der Unternehmung bezieht, sondern durch eine provisionsweise Bezahlung darauf angewiesen ist eine möglichst rührige Tätigkeit zu entfalten, um sein Einkommen zu erwerben und zu erhöhen.

Der geschickte Einkauf ist vornehmlich von dem Erkennen des vorhandenen Bedarfes und der richtigen Abschätzung desselben abhängig.

Hierbei handelt es sich ebensowohl um den Einkauf der richtigen Qualität, als auch um die richtige Abschätzung der benötigten Quantität.

Welche Qualitäten und welche Quantitäten von der industriellen Unternehmung in der nächst bevorstehenden Zeit benötigt werden und daher rechtzeitig einzukaufen sind, läßt sich nur auf Grund einer langen Erfahrung und einer guten Kenntnis des allgemeinen Marktes abschätzen.

Um diese Erfahrung zu gewinnen, bedarf eine jede industrielle Unternehmung sorgfältig geführter statistischer Aufzeichnungen. Die in der betreffenden Unternehmung im Laufe der Jahre erworbene Geschäftskenntnis des Unternehmers genügt allein hierfür nicht. Wenngleich die individuelle Begabung die jeweilige Marktlage zu beurteilen nicht zu unterschätzen ist, kann eine sichere Beurteilung der letzteren doch erst auf Grund einer exakt geführten *Statistik des Umsatzes der Fabrikate erfolgen.*

Erst durch diese erhält der Unternehmer Aufschluß über die Schwankungen des Umsatzes seiner Fabrikate, und erst durch einen Vergleich des Umsatzes der verschiedenen Jahre miteinander und eine Ermittelung der Gründe, welche die Schwankungen desselben herbeiführten, ist der Unternehmer imstande, den zukünftigen Bedarf auf dem allgemeinen Markte richtig abzuschätzen und seine Maßnahmen dementsprechend zu treffen.

Die Gründe für die Schwankungen des Umsatzes können verschiedener Natur sein. Sie können ebensowohl z. B. in einer Verminderung des Bedarfes der Konsumenten liegen, als auch in einer Vermehrung des Angebotes auf dem allgemeinen Markte durch neu entstandene Konkurrenzunternehmungen. Sie können aber auch in inneren Mängeln der Organisation der Unternehmung liegen, welche ein Abbröckeln der Kundschaft herbeiführen, sei es, daß die Unternehmung in ihrer Leistungsfähigkeit zurückgeht, sei es, daß sie sich nicht mehr in derselben Weise wie früher durch Reklame usw. um die Aufträge der Kundschaft bemüht.

Der erfolgreiche Verkauf ist vor allem von seiner richtigen Organisation abhängig. Diese Verkaufsorganisation hat sich in einen Innendienst und in einen Außendienst zu gliedern.

Der Innendienst leitet und kontrolliert die Tätigkeit der Außenbeamten, erledigt den Schriftwechsel mit der Kundschaft, *kontrolliert* den Bedarf der letzteren durch statistische Aufzeichnungen, zieht die zwecks Kreditgewährung benötigten Auskünfte ein, *kalkuliert die Verkaufspreise,* sorgt für eine *geeignete Reklame* durch Beschaffung und Versendung von Katalogen, Preislisten, Beschickung von Ausstellungen, Einrichtung von Verkaufslägern usw. und besorgt die *Abwickelung der Lieferungsgeschäfte.*

Der Außendienst knüpft die persönlichen Beziehungen *zu der Kundschaft* an und pflegt dieselben durch den *persönlichen Verkehr.* Seine vornehmste Aufgabe ist die Pflege der alten Verbindungen mit der Kundschaft, die Herstellung neuer Verbindungen mit neuen Kunden und die *Erlangung von Lieferungsaufträgen* für die Unternehmung.

Die hauptsächlichsten Organe des Außendienstes sind eigene *Zweigniederlassungen* und *Verkaufsläger*, *Reisende*, *Agenten* bzw. *Vertreter* und *Kommissionäre*.

Welche von diesen Organen für die einzelne industrielle Unternehmung zweckmäßiger und vorteilhafter sind, kann nur von Fall zu Fall entschieden werden.

In erster Linie und kaum von einer industriellen Unternehmung zu entbehren, stehen jedoch die *Reisenden*, welche eigene Beamte der Unternehmung sind. Sie sind vermöge ihres persönlichen Verkehrs mit der Kundschaft, ihrer durch denselben erworbenen Kenntnisse des Bedarfes und der persönlichen Verhältnisse der Kundschaft, sowie ihrer allgemeinen Geschäftskenntnisse die Hauptstützen der Unternehmung, und von ihrer rührigen Tätigkeit hängt oft das Gedeihen derselben ab.

Den Reisenden am nächsten kommen alsdann die *Agenten*, bzw. *Vertreter* der industriellen Unternehmung. Diese unterscheiden sich in der Regel von den Reisenden der Unternehmung dadurch, daß sie nicht wie diese Beamte der Unternehmung, sondern selbständige Geschäftstreibende sind, welche auf Grund eines Vertretervertrages den Verkauf der Fabrikate, im Namen der industriellen Unternehmung, provisionsweise in einem örtlich abgegrenzten Bezirke besorgen.

Ist der Vertreter der Unternehmung ausschließlich nur für diese tätig, so wird er in der Regel außer den Provisionen für die in seinem Bezirke abgeschlossenen Lieferungsgeschäfte auch noch durch sonstige feste Bezüge, wie z. B. Bürospesen-Beiträge usw., von der Unternehmung unterstützt werden. Meistens haben die Agenten bzw. Vertreter aber auch noch die Vertretung anderer industrieller Unternehmungen übernommen, und es ist nur darauf zu achten, daß die Fabrikate aller dieser vertretenen Unternehmungen nicht miteinander konkurrieren.

Der Vorteil für die Unternehmung, welchen ihr der Vertreter gegenüber dem Reisenden bietet, liegt darin, daß ersterer seinen ständigen Wohnsitz im Mittelpunkte seines Vertretungsbezirkes hat und dadurch besser in der Lage ist, den persönlichen Verkehr mit der Kundschaft stetig zu pflegen als der Reisende, welcher nur gelegentlich die Kundschaft besucht.

Die *Kommissionäre* wiederum sind vollständig selbständige und von der industriellen Unternehmung unabhängige Geschäftstreibende, welche alle Geschäfte auf ihren eigenen Namen abschließen. In der Regel tragen die Kommissionäre auch das Risiko der von ihnen abgeschlossenen Geschäfte, falls sie hiervon nicht in einzelnen Fällen durch besondere Verträge seitens der Unternehmung befreit werden. In diesem Falle wandeln sich die Kommissionäre in Vertreter der Unternehmung um.

Die industrielle Unternehmung begrenzt (limitiert) dem Kommissionär die Preise, welche er beim Einkauf bzw. Verkauf seiner Kundschaft gewähren darf. Gelingt es dem Kommissionär, das Geschäft zu günstigeren Preisen abzuschließen, dann ist er gehalten, den erzielten Mehrgewinn an die Unternehmung abzuführen. Diese Bestimmung wird aber dadurch ziemlich wertlos, daß dem Kommissionär das Recht zusteht, die Geschäfte für seine eigene Rechnung zu machen. Er wird also naturgemäß in alle Geschäfte, welche er wegen seiner Geschäftstüchtigkeit günstiger als ihm vorgeschrieben ist, abschließen kann, auch selbst eintreten.

Der Vorteil der Geschäftsverbindung zwischen der industriellen Unternehmung und dem Kommissionär liegt für die Unternehmung darin, daß sie es mit einem geschäftstüchtigen und vertrauenswürdigen Manne zu tun hat, welcher sich um den Verkauf ihrer Fabrikate bemüht, und ihr auch, ohne daß sie selbst sich um die Konsumenten und den Eingang der Zahlungen derselben zu bemühen braucht, einen regelmäßigen Absatz ihrer Fabrikate in dem betreffenden Bezirke herbeiführt. Sie ist dadurch auch in der Lage, dem Kommissionär günstigere Preise und sonstige geschäftliche Unterstützungen einzuräumen.

Auf Seiten des Kommissionärs liegt der Vorteil der Verbindung darin, daß ihm der stete Bezug eines auf dem allgemeinen Markte mit Gewinn verkäuflichen Fabrikates zu besonders günstigen Preisen gesichert ist, und daß ihm außerdem auch geschäftliche Unterstützungen seitens der industriellen Unternehmung zuteil werden, welche es ihm ermöglichen, sein Geschäft in größerem Umfange zu betreiben, als ihm dies mit den ihm zur Verfügung stehenden eigenen Mitteln möglich wäre.

Die verschiedenen Vorteile, welche Reisende, Agenten bzw. Vertreter und Kommissionäre für die industrielle Unternehmung bieten, werden für diese gewissermaßen vereinigt, wenn sie in der Lage ist, *eigene Büros oder mit Verkaufslägern verbundene Zweigniederlassungen* zu errichten.

Diese Zweigniederlassungen und Verkaufsläger sichern der industriellen Unternehmung eine weit tatkräftigere Wahrnehmung ihrer Interessen in dem betreffenden Absatzgebiete, als es durch Reisende allein oder durch Agenten, Vertreter oder Kommissionäre möglich ist.

Andererseits haben diese Zweigniederlassungen und Verkaufsläger aber auch die Nachteile im Gefolge, daß ihre Unterhaltung verhältnismäßig hohe Kosten verursacht, welche von der industriellen Unternehmung getragen werden müssen, und daß sie auch einen erheblichen Teil der Arbeitsleistung der Verwaltung der industriellen Unternehmung für sich in Anspruch nehmen. Außerdem erfordert die Unterhaltung von Verkaufslägern usw. an verschiedenen Orten die Beschaffung eines verhältnismäßig hohen Kapitals, welches dadurch dem übrigen wirtschaftlichen Betriebe der industriellen Unternehmung entzogen und in den Verkaufslägern festgelegt wird. Auch ist es aus allen diesen Gründen nicht gut möglich, in den verschiedenen Absatzgebieten der industriellen Unternehmung so zahlreiche Zweigniederlassungen und Verkaufsläger zu errichten, daß durch dieselben eine Verbindung mit allen in Betracht kommenden Konsumenten hergestellt werden kann.

Die verschiedenen Zweigniederlassungen werden also genötigt sein, um diese Verbindung zu erreichen, ihrerseits wieder Reisende in ihre Bezirke hinauszusenden und mit Untervertretern und Kommissionären zu arbeiten.

Außer den vorgenannten Einkaufs- und Verkaufsorganen haben sich vielfach *Unternehmerverbände*, in Gestalt von *Kartellen, Syndikaten, Verkaufsvereinigungen* usw. gebildet, welche aus dem Wunsche der Unternehmungen entstanden sind, den ihnen schädlichen Wettbewerb untereinander zu vermindern oder ganz zu beseitigen. Außerdem liegt auch allen diesen Unternehmerverbänden der Gedanke zugrunde, daß das geschlossene Zusammenhalten am besten geeignet ist, den Rohstofflieferanten, Arbeitern und Konsumenten gegenüber vorteilhaftere Bedingungen für den Kreis der betreffenden industriellen Unternehmungen durchzusetzen, als dies der einzelnen Unternehmung möglich wäre.

Dieses Ziel suchen die Unternehmerverbände dadurch zu erreichen, daß sie möglichst alle Unternehmungen des gleichen Pro-

duktionszweiges zu einem Verbande zusammenschließen, dessen Vereinbarungen die wirtschaftliche Tätigkeit der an dem Verbande beteiligten Unternehmungen in einzelnen Teilen beschränken, ohne indessen den Unternehmungen ihre wirtschaftliche Selbständigkeit zu nehmen.

Der Endzweck aller Unternehmerverbände ist das Streben nach hohen oder doch wenigstens lohnenden Verkaufspreisen.

Die Vereinbarungen der an dem Unternehmerverbande beteiligten Unternehmungen und die durch dieselben auferlegten Beschränkungen können verschiedener Art sein. *Die hauptsächlichsten Vereinbarungen sind jedoch stets entweder solche, welche die Produktion oder die Absatzgebiete oder die Verkaufspreise unter den einzelnen Unternehmungen regeln. Meistens findet jedoch eine Verbindung dieser Vereinbarungen miteinander statt.*

Wird durch die Vereinbarung die Größe der Produktion geregelt, so hat dies den Zweck, das aus der gesamten Produktion aller beteiligten Unternehmungen hervorgehende Angebot der allgemeinen Marktlage anzupassen und zu verhindern, daß durch ein zu großes Angebot die Verkaufspreise hinabgedrückt werden.

Die Regelung der Absatzgebiete, d. h. die Verteilung der Absatzgebiete an die einzelnen Unternehmungen bezweckt, einer jeden Unternehmung in dem ihr zugewiesenen Gebiete ein Absatzmonopol zu sichern und sie vor der Konkurrenz der anderen an dem Verbande beteiligten Unternehmungen in diesem Gebiete zu bewahren.

Eine Vereinbarung über die Verkaufspreise wiederum hat den Zweck, die Verkaufspreise in einer Höhe zu erhalten, welche einer jeden beteiligten Unternehmung noch einen entsprechenden Nutzen läßt. Es geschieht dies entweder durch die Festsetzung von Mindestverkaufspreisen, welche durch die einzelnen an dem Verband beteiligten Unternehmungen nicht unterboten werden dürfen, oder durch die Festsetzung bestimmter für alle beteiligten Unternehmungen gültiger Verkaufspreise überhaupt.

In einem jeden der vorerwähnten Fälle bleibt der einzelnen Unternehmung ihre wirtschaftliche Selbständigkeit gewahrt. Sie ist nur dadurch beschränkt, daß sie entsprechend den Vereinbarungen des Unternehmerverbandes entweder ihre Produktion nicht über eine gewisse Grenze ausdehnen kann, oder nicht auf allen Absatzgebieten in den freien Wettbewerb mit den anderen Unternehmungen des gleichen Produktionszweiges eintreten oder ihre Verkaufspreise nicht beliebig festsetzen kann.

Die weitestgehende Vereinbarung ist diejenige, bei welcher die Produktion, die Absatzgebiete und die Verkaufspreise durch den Unternehmerverband reguliert werden. Ist eine derartig vollendete Form des Unternehmerverbandes zustande gekommen, so ist den einzelnen beteiligten Unternehmungen ihre Selbständigkeit nur noch hinsichtlich der Art ihres Produktionsbetriebes gewahrt. Dagegen ist ihnen ihre wirtschaftliche Selbständigkeit. soweit sie den Umfang ihrer Produktion und den Verkauf ihrer Fabrikate betrifft, durch den Unternehmerverband genommen. Der Unternehmerverband setzt in diesem Falle die Höhe der Produktion einer jeden einzelnen beteiligten Unternehmung fest, übernimmt alle Lieferungsaufträge und verteilt dieselben auf Grund der vorher getroffenen Vereinbarungen an die einzelnen an dem Verbande beteiligten Unternehmungen im Verhältnis zu der Größe der Produktion derselben.

Trotz aller dieser Vereinbarungen können aber auch die Unternehmerverbände es nicht erreichen, daß alle an ihnen beteiligten Unternehmungen mit dem gleichen Gewinne arbeiten.

Die verschieden hohen Produktionskosten, welche eine jede einzelne Unternehmung infolge ihres Standortes und ihrer inneren Organisation aufzuwenden hat und welche niemals, wie dies auch schon in einem früheren Kapitel ausgeführt worden ist, auch nur bei zwei Unternehmungen desselben Produktionszweiges die gleichen sind, verhindern es, daß die Unternehmerverbände auch die Gewinne der einzelnen an ihnen beteiligten Unternehmungen regeln können.

Im Gegenteil sind für manche Unternehmungen die Vereinbarungen des Unternehmerverbandes so ungünstig, daß sie es vorziehen, sich ihre völlige Selbständigkeit zu bewahren und außerhalb des Unternehmerverbandes ihre wirtschaftliche Tätigkeit auszuüben.

Ob es für die einzelne Unternehmung vorteilhafter ist, sich dem Unternehmerverband anzuchließen oder nicht, kann nur von Fall zu Fall entschieden werden.

Der Nichtanschluß an den Unternehmerverband führte bisher meistens zu schweren wirtschaftlichen Kämpfen mit demselben und kann nur von einer sehr kapitalskräftigen und auch in ihrer

Produktivität leistungsfähigen und sehr gut organisierten Unternehmung auf die Dauer mit Erfolg durchgeführt werden.

Von den Produktions- und Verkaufskartellen der industriellen Unternehmungen sind zu unterscheiden die Arbeitgeberverbände, welche den Zweck haben, gegenüber den Berufsorganisationen der Arbeitnehmer Verbände der Arbeitgeber zu schaffen. Die Aufgabe der Arbeitgeberverbände bestand bisher hauptsächlich in der Regelung der Lohntarife und sonstiger die wirtschaftlichen Verhältnisse der Arbeiterschaft betreffenden Fragen in Verbindung mit den Berufsorganisationen der Arbeitnehmer.

Diese Arbeitgeberverbände konnten für die Wertermittelung der einzelnen industriellen Unternehmung insofern in Betracht kommen, als ihr Vorhandensein und ihr mehr oder minder straffer Zusammenschluß eine gewisse Garantie dafür boten, daß die betreffende Unternehmung in ihrer Entwickelung vor allzu starken Erschütterungen durch Lohnstreitigkeiten und ähnliche Arbeiterfragen bewahrt werden konnte.

In neuester Zeit haben die veränderten politischen Verhältnisse die Grundlagen für die Verbände der Arbeitgeber und der Arbeitnehmer wesentlich erweitert. Dienten bisher alle diese Verbände rein wirtschaftlichen Zwecken, so sind nunmehr auch politische Ziele mit ihnen verknüpft worden. Vor allem ist die Frage der Verstaatlichung der industriellen Unternehmungen in den Vordergrund der Bestrebungen der in diesen Unternehmungen beschäftigten Arbeitnehmer gerückt. Ob eine Verstaatlichung der industriellen Unternehmungen in dem erstrebten Umfange möglich und dem Gemeinwesen nützlich sein wird, läßt sich zur Zeit noch nicht abschließend beurteilen[1]).

---

[1]) *Heinemann, Bruno*, „Sozialisierung, ihre Möglichkeiten und Grenzen", Berlin 1919, Seite 28, sagt hierüber:

„Wo ein Monopol in der Natur des Betriebes liegt, wie z. B. im Verkehrswesen, ist das öffentliche System das gegebene. Wo bereits private Monopole mit großbürokratischer Organisation bestehen oder wo es sich um die Herstellung einheitlicher Massenprodukte für einen festen und ziemlich gleichbleibenden Bedarf handelt und bereits eine gewisse Höhe technischen Fortschrittes erreicht ist, da können Staat und Gemeinde eintreten, da kann die gemeinwirtschaftliche Betriebsform gleich- oder sogar höherwertige Erfolge aufweisen als die Privatwirtschaft. Wo es sich aber darum handelt, den an Umfang und Art ständig wechselnden Bedarf an unendlich vielen und verschiedenen Artikeln zu befriedigen, ferner darum, beim Einkauf von Rohstoffen und Lebensmitteln auf dem Weltmarkte die Konjunktur auszunutzen und dabei schnelle Entscheidungen zu treffen und große Risiken zu übernehmen, oder wo der Absatz auf dem In- und Auslandsmarkte mit dem Wett-

Eher läßt sich schon jetzt ein Urteil über die Forderung der radikaler gesinnten Arbeitnehmer abgeben, welche auch die Verwaltung der industriellen Unternehmungen an die betreffenden Arbeitnehmerschaften übertragen haben wollen. Hier läßt sich voraussehen, daß der in dieser Forderung verborgene Endzweck der Arbeitnehmer, möglichst mühelos ein höheres Einkommen zu erreichen, auf diesem Wege nicht erreicht werden kann. Die Verwaltung und Leitung einer industriellen Unternehmung setzt, wenn sie mit materiellem Erfolge verbunden sein soll, Kenntnisse Fähigkeiten und Leistungen einzelner Persönlichkeiten voraus, welche durch die korporative Vertretung der die Leitung und Verwaltung übernehmenden Arbeitnehmerschaft nicht ersetzt werden können. Damit würde jedoch die Produktivität und die Rentabilität der Unternehmung sinken und als Folge davon auch das Einkommen der Arbeitnehmer sinken müssen, anstatt sich zu erhöhen[2]).

Daß soziale und wirtschaftliche Mängel in der gegenwärtigen Gestaltung aller industriellen Unternehmungen vorhanden sind, läßt sich nicht abstreiten. Diese Mängel können aber nicht auf dem Wege der *Sozialisierung*, sondern nur durch eine organische Weiterentwickelung der wirtschaftlichen Gemeinschaftsarbeit im sozialen Sinne beseitigt werden[3]).

Die im Anfange dieses Kapitels umschriebenen Aufgaben der kaufmännischen Wirtschaft einer jeden industriellen Unternehmung und die im vorstehenden gegebenen Erläuterungen zu den hauptsächlichsten dieser Aufgaben, umfassen das Gebiet, welches die kaufmännische Beurteilung daraufhin zu prüfen hat,

---

bewerbe der ausländischen Industrie rechnen muß, da muß der Staats- und Kommunalbetrieb elend in die Brüche gehen und der gesamten Volkswirtschaft teuer zu stehen kommen."

[2]) Siehe auch *Macco*, „Verstaatlichung der Industrie" (in „Technik und Wirtschaft", 12. Jahrgang, 1919, 3. Heft, Seite 157):

„Eine zwangsweise eingeführte Vergesellschaftung oder ein Staatsbetrieb muß als erstes Ziel die Beschaffung großer Geldmittel im Interesse der staatlichen Verwaltung haben. Dies kann nur erreicht werden durch einen großen wirtschaftlichen Effekt, und der wird nur erzielt durch intelligente, erfahrene Leitung, Beachtung und Förderung eines jeden Fortschrittes, beste Arbeitsverfahren, umsichtige und gewandte kaufmännische Tätigkeit und die größte Leistung von Beamten und Arbeitern. In einem scharfen Gegensatz hierzu steht aber das Bestreben der Arbeiter, bei möglichst hohen Löhnen die Arbeitszeit auf das geringste Maß herabzudrücken."

[3]) Siehe auch *Schulz-Melain (Ausschuß für wirtschaftliche Fertigung im Verein deutscher Ingenieure)*, „Sozialisierung, Planwirtschaft oder sozialorganische Ausgestaltung der Produktion?" 2. Auflage. Berlin 1919.

ob die Erledigung aller dieser Aufgaben sachgemäß und für die Unternehmung vorteilhaft geschieht.

Darüber hinaus wird die kaufmännische Beurteilung aber auch noch zu untersuchen haben, ob der erzielte Gewinn dem in der Unternehmung angelegten Kapital und ihren Produktionsmitteln entspricht, und wie derselbe mit den vorhandenen Mitteln ohne Beschaffung neuen Kapitals gehoben werden kann.

Im besonderen wird zu beurteilen sein, ob der Verkauf der Fabrikate der Unternehmung auf neue Absatzgebiete auszudehnen oder ob eine stärkere Bearbeitung der bereits vorhandenen Absatzgebiete noch möglich ist und einen entsprechenden Erfolg erhoffen läßt.

Auch wird die kaufmännische Beurteilung nicht unterlassen dürfen, zu untersuchen, ob die finanziellen Mittel der Unternehmung, deren Produktionsverhältnissen und der Marktlage entsprechend, ausreichend sind, oder ob es sich empfehlen dürfte, der Unternehmung durch Beschaffung neuer Geldmittel eine weitere Ausdehnung zu geben und ob die Beschaffung dieser neuen Geldmittel zu günstigen Bedingungen möglich ist.

II. Die Abschätzung des Wertes industrieller Unternehmungen.

Die Grundlagen der Abschätzung.

a) Allgemeine wirtschaftliche Wertungsmomente.

Die wirtschaftliche Wertung einer industriellen Unternehmung wird stets dann erforderlich, wenn die Unternehmung als Grundlage einer finanziellen Transaktion dienen soll. Ob es sich hierbei um die Umwandlung einer Einzelunternehmung in die Form der Gesellschaftsunternehmung oder um die Fusion mit einer anderen Unternehmung, um eine Erbschaftsregulierung, einen Verkauf der Unternehmung, die Aufnahme einer Anleihe oder ähnliches mehr handelt, ist an sich gleichgültig. Auch eine beabsichtigte Verstaatlichung oder Verstadtlichung der Unternehmung könnte den Anlaß zur Abschätzung ihres Wertes geben. Kann man doch eine jede dieser finanziellen Transaktionen auf die gleiche Basis zurückführen, daß die Unternehmung von ihrem bisherigen Eigentümer veräußert und an einen neuen Erwerber derselben übergehen soll.

Die Aufgabe der Abschätzung des Wertes der industriellen Unternehmung ist mithin stets, den *Tauschwert* der letzteren festzustellen, d. h. denjenigen *Geldwert*, welcher ebensowohl den Interessen des Veräußerers der Unternehmung als auch denjenigen ihres Erwerbers entspricht.

Beiden Parteien gemeinsam ist das Interesse an dem Ertrage der Unternehmung. Dagegen gehen die Interessen beider Parteien hinsichtlich des mit dem Eigentum an der Unternehmung verbundenen Risikos auseinander.

Während der Veräußerer der Unternehmung von dem bis dahin von ihm getragenen Risiko, sein in der Unternehmung angelegtes Kapital teilweise oder ganz zu verlieren, nunmehr befreit wird und das Kapital von dem Erwerber ausgezahlt erhält, übernimmt der Erwerber seinerseits dieses Risiko, indem er gegen den von ihm zu zahlenden Kaufpreis die Unternehmung eintauscht.

An sich gleichgültig ist es hierbei, ob der Erwerber der industriellen Unternehmung eine physische Person oder eine Gesellschaft, z. B. eine neu zu gründende Aktiengesellschaft ist. Wenngleich bei letzterer das Risiko sich auf die einzelnen Aktionäre verteilt, also in einzelne kleine Beträge zersplittert, muß die Aktiengesellschaft als solche dennoch mit dem Risiko der Unternehmung rechnen und ihr Aktienkapital dementsprechend bemessen.

Abgesehen von dem Bestreben, einen möglichst günstigen Kaufabschluß zu erzielen, ist es daher die mehr oder minder hohe Abschätzung des Risikos der Unternehmung, welche der Differenz zwischen der Forderung des Veräußerers und dem Angebot des Erwerbers zugrunde liegt.

Würde dieses Risiko nicht vorhanden sein und die industrielle Unternehmung eine *absolute Sicherheit* für das in ihr angelegte Kapital bieten, dann könnte eine Differenz zwischen Forderung des Veräußerers und Angebot des Erwerbers gar nicht in Frage kommen[1]).

Der Tauschwert der Unternehmung wäre in *diesem* Falle durch ihren Reinertrag gegeben, d. h. durch die Rente, welche sie ihrem Eigentümer einbringt. Es brauchte mithin nur die Rente zu dem jeweiligen landesüblichen Zinsfuße kapitalisiert zu werden, um den Geldwert der Unternehmung zu beziffern.

Aus dem Vorangeführten ergibt sich, daß der wirtschaftliche Wert einer industriellen Unternehmung bedingt wird einerseits durch den Ertrag der Unternehmung und andererseits durch die mehr oder minder große Sicherheit, welche sie für das in ihr angelegte Kapital bietet.

---

[1]) *Kovero, J.*, „Die Bewertung der Vermögensgegenstände in den Jahresbilanzen der privaten Unternehmungen". Berlin 1912. Seite 157.

„Insbesondere ist dies der Fall bezüglich des Unternehmereinkommens. Gerade hier kann häufig gar nicht von dauernden Ertragsquellen oder von der Regelmäßigkeit der Einnahmen gesprochen werden. Auch wenn die Unternehmungstätigkeit als Ganzes als eine Quelle gedacht wird, kann dieselbe nicht als eine dauernde oder dauernd gesicherte Quelle gelten; es hängt schon von der besonderen Natur der Unternehmungstätigkeit ab, daß vielmehr das Gegenteil der Fall ist. So kann die Unternehmungstätigkeit nicht nur periodisch, sondern auch überhaupt lediglich in Verlust resultieren."

Siehe auch *v. Schmoller, Gustav*, „Grundriß der allgemeinen Volkswirtschaftslehre". Leipzig. II. Teil 1904. Seite 432.

Auf den Ertrag der Unternehmung sind die finanzielle Leistungsfähigkeit und die persönliche Begabung ihres Eigentümers von erheblichem Einfluß. Der Erwerber einer industriellen Unternehmung kann mithin das Vertrauen zu sich haben bis zu einer gewissen Grenze, welche ihm durch die allgemeinen Marktverhältnisse gezogen wird, einen größeren Ertrag aus der Unternehmung herauszuwirtschaften, als dem Veräußerer bis dahin gelungen war.

Dieses Vertrauen ist auch meistens der Antrieb, welcher zu dem Erwerb einer industriellen Unternehmung führt. Mitunter sind es allerdings andere Gründe, wie z. B. die Absicht der Beseitigung einer unangenehmen Konkurrenz, welche den Erwerb der Unternehmung veranlassen.

Dagegen ist das Risiko, das in der Unternehmung angelegte Kapital teilweise oder ganz zu verlieren, von dem Willen des Erwerbers unabhängig. Es können so viele Umstände, auf welche der Erwerber keinerlei Einfluß hat, eintreten und den Verlust des Kapitals oder eines Teiles desselben herbeiführen, daß der Erwerber der Unternehmung bei dem von ihm zu bewilligenden Kaufpreise das Risiko, welches mit dem Erwerbe verknüpft ist, nicht außer acht lassen darf. Derartige widrige Umstände können z. B. ein Nachlassen des Bedarfes an den Fabrikaten der Unternehmung oder ein Versiegen der Rohstoffquellen usw. sein. Im allgemeinen wird dieses Risiko um so geringer sein, je günstiger sich bis dahin die Unternehmung entwickelt hat und je günstiger die Aussichten für die absehbare Zukunft sind.

Bei der Ermittelung des Tauschwertes der Unternehmung sind daher nicht nur die zeitigen Verhältnisse derselben zu berücksichtigen, sondern auch die vorangegangene Entwickelung, welche die Unternehmung genommen hat und die Aussichten, welche sich für ihren Fortbestand und ihre weitere Entwickelung in der Zukunft bieten.

Alle diese besonderen Verhältnisse der Unternehmung und deren Entwickelung spiegeln sich jedoch in den Umsatzziffern und dem Reinertrage der Unternehmung wider.

Die wirtschaftliche Wertung einer jeden industriellen Unternehmung wird also stets davon abhängig sein, welches Kapital zur Zeit der Wertung in der Unternehmung angelegt ist, wie groß der Umsatz in den Fabrikaten derselben ist, wie hoch sich sein

Wert beläuft, und wie sich das Verhältnis der gesamten Selbstkosten zu dem Werte des Umsatzes stellt.

Wenngleich nun selbstverständlich die wirtschaftliche Wertung einer einzelnen industriellen Unternehmung von so vielen verschiedenen Umständen abhängt, daß man eine jede einzelne Unternehmung individualisieren muß, so kann man dennoch für die Wertermittelung eine Reihe von Grundsätzen aufstellen, und auch eine Regel für die Wertberechnung angeben, welche wenigstens in vielen Fällen praktisch anwendbar ist.

---

b) Die Unterlagen für die Wertermittelung.

Für die sachgemäße und zuverlässige Ermittelung des Wertes einer jeden industriellen Unternehmung müssen als Unterlagen vorhanden sein:

1. *Eine Inventur der gesamten einzelnen Vermögensteile mit Angabe ihrer zeitigen Einzelwerte.* Für diese Inventur sind die Werte der wichtigeren Vermögensteile, wie Grundstücke, Gebäude, Maschinen, Utensilien, Fuhrpark usw., ferner die Vorräte an Rohstoffen, Materialien, Halbfabrikaten und Fertigfabrikaten, sowie die Bestände an Wertpapieren, Wechseln, ausstehenden Forderungen usw., und endlich etwaige Monopolrechte, wie Patente usw. *durch Abschätzungen (Taxen) hierfür geeigneter Sachverständiger festzustellen bzw. nachzuprüfen.*

2. *Die gesamten seit Errichtung der Unternehmung gezogenen Bilanzen (Jahresrechnungen) nebst den Gewinn- und Verlustkonten, sowie die zugehörenden Geschäftsberichte.* Die neueste der Bilanzen muß für den Zeitpunkt gezogen sein, für welchen die Wertermittelung der Unternehmung erfolgen soll. *Die Richtigkeit der Bilanzen, wenigstens der letzten Bilanz, ist durch sachverständige Bücherrevisoren nachzuprüfen bzw. festzustellen.* Diese Prüfung durch sachverständige Bücherrevisoren ist um so notwendiger, weil etwaige Bilanzverschleierungen nur sehr schwer zu erkennen sind. Ob z. B. eine Überwertung der Warenbestände stattgefunden hat oder eine Verringerung der ungedeckten Debitoren, durch Einholung und spätere Rückgabe von Akzepten der Schuldner, oder ob gehabte Ausgaben durch Verbuchung über Bestandkonten auf mehrere Jahre verteilt oder auch Debitoren und Kreditoren zusammengefaßt sind, so daß nur die Differenz in der Bilanz

erscheint, läßt sich meistens nur vermittels einer eingehenden Nachprüfung durch hierfür sachverständige Revisoren feststellen.

3. *Die den etwa vorhandenen Monopolrechten zugrunde liegenden Urkunden*, wie Patente, Verträge usw. *im Original.*

4. *Ein fachmännisches Gutachten über den gegenwärtigen Zustand der gesamten Betriebsanlagen.* Dieses Gutachten muß ein abschließendes Urteil über die gegenwärtige Produktivität der Unternehmung enthalten und gleichzeitig angeben, ob und mit welchen technischen Mitteln dieselbe noch gehoben werden kann. Ferner muß in dem Gutachten auch die ausführliche Kalkulation der Produktionskosten angegeben sein.

5. *Ein kaufmännisches Gutachten über die gegenwärtige wirtschaftliche Lage der Unternehmung.* In dasselbe sind die Resultate der Inventuraufnahme und des fachmännischen Gutachtens einzubeziehen. Ferner müssen in demselben sowohl die etwa vorhandenen Monopolrechte und die jeweilige Marktlage berücksichtigt werden, als auch die Kalkulation der Vertriebskosten im einzelnen sowie der gesamten Selbstkosten eingehend dargestellt sein. Auf Grund der gesamten vorliegenden Bilanzen usw. müssen außerdem ein Überblick über die bisherige Entwickelung der Unternehmung gegeben und die Gründe angeführt werden, welche für eine ähnliche Weiterentwickelung bzw. eine stetig fortschreitende bessere Entwickelung der Unternehmung sprechen. Gleichzeitig muß sich das Gutachten dahin äußern, ob und mit welchem Aufwand an finanziellen Mitteln die wirtschaftliche Lage und der Ertrag der Unternehmung verbessert und gehoben werden können.

Beiden vorgenannten Gutachten, dem fachmännischen sowohl wie dem kaufmännischen, liegt es also ob, eine ausführliche Schilderung des zeitigen Zustandes der industriellen Unternehmung zu geben und dabei die Mängel und Unstimmigkeiten genau zu bezeichnen, welche auf den Ertrag der Unternehmung hemmend einwirken. Sie haben beide diese Mängel und Unstimmigkeiten nicht nur überzeugend nachzuweisen und Vorschläge für ihre Abhilfe, soweit dieselbe möglich ist, zu machen, sondern sie haben außerdem auch die hierzu nötigen finanziellen Mittel zu berechnen, um einen Überblick über die Größe der vorhandenen Mängel und über den Umfang der Maßnahmen zu ihrer Beseitigung zu gewähren. Schließlich haben auch beide Begutachtungen sich nicht allein über den gegenwärtigen Zustand der Unternehmung, sondern auch über seine voraussichtliche Zukunft zu äußern.

Aus dem Vorstehenden ergibt sich, daß die Begutachtung der Gesamtwirtschaft einer industriellen Unternehmung nur in den seltensten Fällen und nur bei sehr kleinen Unternehmungen durch eine einzelne Person möglich sein wird.

Abgesehen von der mühsamen und zeitraubenden Prüfung aller Einzelheiten, welche an sich schon die unterstützende Tätigkeit von Mitarbeitern erfordert, wird man auch kaum erwarten dürfen, die fachmännischen Kenntnisse des Ingenieurs und das vielseitige Wissen des geschulten Kaufmannes derart in *einer* Person vereinigt zu finden, daß man ihrem Urteile über die Unternehmung unbedingt vertrauen kann.

Es liegt in der Eigenheit einer jeden industriellen Unternehmung begründet, daß sich zu ihrem Betriebe der Ingenieur und der Kaufmann vereinigen müssen. Das gleiche ist auch der Fall für die Begutachtung und wirtschaftliche Wertung der Unternehmung, welche stets in einen fachmännischen und einen kaufmännischen Teil zerfallen. Dementsprechend sollten sie auch stets dem technischen Fachmanne in Verbindung mit dem Kaufmanne übertragen werden.

---

c) Die Wertung der Bilanzziffern.

Aus den seit Errichtung der industriellen Unternehmung gezogenen Bilanzen nebst den Gewinn- und Verlustkonten und den Geschäftsberichten ergibt sich ein Überblick über die Entwickelung, welche die Unternehmung während der Dauer ihres Bestehens erfahren hat.

Es darf jedoch die Entwickelung der Unternehmung nicht allein nach ihren bisherigen Erträgnissen beurteilt werden, vielmehr muß der innere Wert der einzelnen Bilanzkonten und ihr wirtschaftliches Verhältnis zueinander untersucht und richtig abgeschätzt werden. Auch ist die technische Seite der Unternehmung dabei entsprechend zu berücksichtigen.

Wenngleich eine hohe Rentabilität in den meisten Fällen auch ein Zeichen für eine hohe Produktivität ist, so braucht dieses dennoch, wie bereits an früherer Stelle dieses Buches ausgeführt worden ist, nicht immer der Fall zu sein. Die Produktivität der Unternehmung, auf welche es hauptsächlich bei der Ermittelung des Wertes der Unternehmung ankommt, kann, trotz hoher Rentabilität, eine geringe sein.

In erster Linie ist zu ermitteln, wie sich die *Liquidität* der Unternehmung stellt, d. h. wie sich das festliegende oder „*Anlagekapital*" zu dem flüssigen oder „*Betriebskapital*" verhält.

Als festliegendes oder „Anlagekapital" pflegt man das in den Grundstücken, Gebäuden, Maschinen, Patenten, Konzessionen usw. angelegte Kapital zu bezeichnen, weil dasselbe, solange der Betrieb fortgesetzt wird, nicht zur Realisierung kommt.

Dieses Anlagekapital verringert sich nur durch die Abnützung, welche seine einzelnen Wertteile, wie Gebäude, Maschinen usw., durch den Gebrauch und das Altern erleiden. Es ist daher aus dem Ertrage der Unternehmung für diese Abnützung zu entschädigen, was durch die „Abschreibungen" auf den Wert der betreffenden einzelnen Vermögensteile geschieht.

Als flüssiges oder „Betriebskapital" bezeichnet man dagegen die Gesamtheit derjenigen Vermögensteile, welche bei der Produktion in das Fabrikat übergehen. Es sind dies also z. B. bares Geld und Geldwerte, wie Effekten, Wechsel usw., ferner Forderungen an Schuldner der Unternehmung, Rohmaterialien und ähnliche Vermögensteile mehr.

Die Höhe des „Anlagekapitals" und des „Betriebskapitals" ist von ausschlaggebender Bedeutung für die Wirtschaft der industriellen Unternehmung. Der Zweck der Unternehmung ist, ihr Kapital immer wieder, und zwar mit Gewinn, zu erneuern.

Die Erneuerung des Anlagekapitals erfordert jedoch eine erheblich längere Dauer als die Erneuerung des Betriebskapitals. Es wird mithin im Interesse einer jeden industriellen Unternehmung liegen, ihr Anlagekapital möglichst niedrig und ihr Betriebskapital möglichst hoch zu halten.

Dieses letztere ist auch noch aus dem Grunde wichtig, weil ein Wechsel der Produktion um so schwieriger ist, je mehr Anlagekapital in der Unternehmung im Verhältnis zum Betriebskapital festgelegt ist.

Industrielle Unternehmungen, welche mit einem hohen Anlagekapital, d. h. mit umfangreichen und wertvollen Betriebsanlagen wirtschaften, haben auch ein größeres Risiko zu tragen als Unternehmungen mit einem niedrigen Anlagekapital.

Sie sind daher auch darauf angewiesen, sich einen ausreichenden Absatz ihrer Fabrikate zu sichern, sind aber andererseits auch in ihrer Produktivität leistungsfähiger als die Unternehmungen mit niedrigem Anlagekapital.

Um ein Beispiel für das größere Risiko zu geben, welches die mit einem größeren Anlagekapital ausgestattete Unternehmung zu tragen hat, braucht man sich nur zwei Unternehmungen desselben Produktionszweiges zu denken, von welchen die eine eigene Betriebsanlagen besitzt, die andere jedoch ihre Produktion in gepachteten Betriebsanlagen betreibt. Bei dieser bildet der zu zahlende Pachtzins das Anlagekapital. Geht nun z. B. das Bedürfnis nach den Fabrikaten der Unternehmungen auf dem allgemeinen Markte derselben zurück, so daß beide Unternehmungen ihren Betrieb einstellen müssen, dann werden die Verluste, welche eine jede von ihnen an ihrem „Anlagekapital" erleidet, verschieden hoch sein.

Bei der einen Unternehmung sind deren gesamte Betriebsanlagen für die bisherige Produktion nunmehr vollkommen entwertet und werden sich daher nur mit einem großen Verluste an dem in ihnen angelegten Kapital für eine andere Produktion verwerten lassen.

Die andere Unternehmung verliert dagegen nur den Pachtzins, welchen sie für die Zeit von der nunmehr auszusprechenden Kündigung des Pachtvertrages bis zu dessen Ablauf zu entrichten hat. Ist diese Kündigungszeit nur eine kurze, und kann dieselbe etwa noch für die Abwickelung der laufenden Geschäfte der Unternehmung nutzbar gemacht werden, dann kann es unter Umständen geschehen, daß diese Unternehmung aus der erzwungenen Einstellung ihrer Produktion überhaupt keinen Verlust erleidet.

Außer der Höhe des Anlagekapitals und des Betriebskapitals ist auch noch die Höhe der vorhandenen *Reservefonds* von Bedeutung, da diese, wie bereits in dem vorangegangenen Kapitel näher ausgeführt, die zur Verteilung kommenden Gewinne der Unternehmung vor zu großen Schwankungen bewahren.

Für die Wertung der Unternehmung ist es von Wichtigkeit, ein Urteil darüber zu bilden, ob bzw. in welchem Umfange die einzelnen in den Bilanzen der Unternehmung aufgeführten Ziffern auch dem *wirtschaftlichen* Tauschwerte des betreffenden Vermögensteiles tatsächlich entsprechen.

Es ist z. B. ein erheblicher Unterschied für die Wertung, ob die Forderungen an Schuldner der Unternehmung durch hinterlegte Sicherheiten „gedeckt“ sind oder ob es sich um offene „ungedeckte“ Forderungen handelt. Auch ist es z. B. ein sehr großer Unterschied, ob der Schuldner der Unternehmung eine solvente große Gesellschaftsfirma ist oder ein in einer prekären wirtschaftlichen Lage sich befindender Einzelgewerbetreibender. Derartige gefährdete Forderungen, deren Eingang in voller Höhe nicht absolut sicher erscheint, werden entsprechend niedriger einzuschätzen sein als die „gedeckten“ und sonstigen sicheren Forderungen.

Außerdem ist es auch von Wichtigkeit, die Menge und den Wert der verkauften Fabrikate, d. h. den *Umsatz* der Unternehmung, festzustellen, über dessen Höhe man aus den Bilanzen allein kein richtiges Urteil gewinnen kann. Aus einem Vergleiche der Umsatzzahlen der verschiedenen Jahre läßt sich die Entwickelung der Unternehmung in bezug auf Fortschritt oder Rückgang der Produktion erkennen. Die zu ermittelnden Gründe für den etwaigen Rückgang der Produktion werden um so maßgebender für die Beurteilung der Unternehmung sein, wenn aus ihnen hervorgeht, daß der Rückgang der Produktion nicht durch äußere Umstände, wie Nachlassen der Konjunktur oder ähnliches, hervorgerufen ist.

Allerdings ist die Höhe des Umsatzes von dem Unternehmerwillen allein nicht abhängig. Es kommt für dieselbe vielmehr in erster Linie die allgemeine Marktlage in Betracht, und erst in zweiter Linie die Produktivität der industriellen Unternehmung.

Immerhin muß jedoch die Höhe des Umsatzes in einem gewissen Verhältnis zu dem Anlagekapital und Betriebskapital stehen, wenn sich die industrielle Unternehmung gesund entwickeln soll.

Je nach der Art der Produktion und der Fabrikate wird das Verhältnis zwischen Umsatz und angelegtem Kapital ein verschiedenes sein. Man kann jedoch den Grundsatz aufstellen, daß eine jede industrielle Unternehmung bei richtiger wirtschaftlicher Tätigkeit in einem jeden Jahre das in ihr angelegte Kapital **mindestens** *einmal umsetzen sollte.*

Außer der Umsatzhöhe ist auch noch *das Verhältnis der gesamten Selbstkosten zum Umsatz* von Wichtigkeit, weil sich aus demselben ein Urteil über die mehr oder minder große Sparsamkeit in der Wirtschaft der Unternehmung bilden läßt. Im besonderen sind auch die sogenannten allgemeinen Regiespesen näher zu prüfen und festzustellen, ob ein Schwanken derselben im gleichen Verhältnis mit dem Schwanken des Umsatzes stattfindet oder welche Gründe dafür vorliegen, daß bei einem Zurückgehen des Umsatzes sich nicht auch die allgemeinen Regiespesen entsprechend vermindern.

Ganz gleichzeitig mit dem Auf- und Niedersteigen des Umsatzes werden ja niemals die allgemeinen Regiespesen in die Höhe gehen oder sinken, weil nicht gleichzeitig mit dem Schwanken des Umsatzes auch Änderungen in den Regiespesen vorgenommen werden können.

Man kann z. B. nicht ohne weiteres Personal entlassen oder sonstige Ersparnisse vornehmen, wenn der Verkauf gelegentlich „abflaut". Im Gegenteil wird man sogar zunächst erhöhte Regiespesen für Reklame usw. aufwenden, um den Verkauf wieder zu heben. Auf die Dauer muß jedoch ein Nachlassen des Umsatzes, ebenso wie eine Steigerung desselben, in dem Sinken oder Steigen der allgemeinen Regiespesen ebenfalls zum Ausdruck kommen.

Einen sehr wichtigen Punkt in den Bilanzen bilden ferner die „Abschreibungen", d. h. die Beträge, welche von denjenigen Vermögensteilen, die einer Abnützung oder sonstigen Wertverminderung unterliegen, als Ausdruck dieser Wertverminderungen „abgeschrieben" werden.

Hierbei ist einmal die Art der Abschreibung und dann auch die Höhe der Abschreibung maßgebend.

Man sollte stets die Abschreibung in der Art vornehmen, daß man die wirtschaftliche Lebensdauer der betreffenden Vermögensteile feststellt und alsdann jedes Jahr so viele gleiche Teile ihres Anschaffungswertes „abschreibt", daß mit dem Erlöschen der Lebensdauer auch der Anschaffungspreis amortisiert, d. h. getilgt ist.

Vielfach werden die Abschreibungen jedoch nicht nach dem ursprünglichen *Anschaffungswerte* bemessen, sondern es wird nur ein bestimmter Prozentsatz, welcher im *ersten* Jahre nach der Anschaffung allerdings der wirtschaftlichen Lebensdauer entsprochen hatte, von dem jeweiligen verbleibenden *Buchwerte* der betreffenden Vermögensteile abgeschrieben.

Hierdurch wird anscheinend eine genügende Abschreibung zum Ausdruck gebracht. In Wirklichkeit ist jedoch der Erfolg ein wesentlich geringerer, denn eine einfache Rechnung ergibt, daß z. B. eine jedesmalige Abschreibung von nur 5% des *Anschaffungswertes* den Anschaffungspreis des Vermögensteiles schneller amortisiert, nämlich in 20 Jahren, als eine jedesmalige Abschreibung von 10%, welche jedoch von dem jeweiligen *Buchwerte* vorgenommen wird.

Bei dieser letzteren Art der Abschreibung sind trotz des doppelt hohen Prozentsatzes der Abschreibung in 20 Jahren erst 87,84% des Anschaffungspreises des Vermögensteiles amortisiert.

Auch die Höhe der einzelnen „Abschreibungen" ist von Bedeutung. Hohe Abschreibungen sind stets ein Zeichen einer vorsichtigen Wirtschaft der industriellen Unternehmung, welche sich dadurch stille Reserven für spätere vielleicht ungünstige Zeiten schafft.

Hohe „Abschreibungen" vermindern allerdings den zur Auszahlung kommenden Gewinn der Unternehmung, d. h. das Einkommen des Unternehmers, erhöhen dagegen das Betriebskapital der Unternehmung und mithin auch das Vermögen des Unternehmers.

Hohe Abschreibungen empfehlen sich auch besonders bei allen denjenigen Vermögensteilen, wie Mustern, Modellen, Patenten usw., welche unerwartet rasch, z. B. infolge eines Wechsels der Mode oder neuer Erfindungen und neuer Konstruktionen, ganz wertlos werden können[1]).

Auch für alle Anschaffungen, welche ausschließlich zur Herstellung von Heeresbedarf während eines Krieges gemacht werden, sind hohe Abschreibungen nicht nur empfehlenswert, sondern sogar notwendig, weil für diese sachlichen Anschaffungen mit Eintritt des Friedenszustandes die Verwendungsmöglichkeit sehr vermindert wird oder ganz fortfällt. Außerdem werden diese Betriebsmittel in den meisten Fällen während ihres Betriebes in der Kriegszeit stark überanstrengt und wenig pfleglich behandelt worden sein, so daß auch ihre Abnützung eine größere sein dürfte als bei normalem Betriebe in ruhiger Friedenszeit.

In den Bilanzen vieler industrieller Unternehmungen findet man häufig derartige, großen Wertschwankungen und schneller Abnützung unterliegende Vermögensteile *bis auf* 1 *Mark* ab-

---

[1]) Siehe auch *Lewin, C. M.*, „Die Inventarisierung von Industrie- und Gewerbebetrieben". 2. Auflage. Berlin 1912. Seite 22 u. f. — *Moral, Felix*, „Revision und Reorganisation industrieller Betriebe". Berlin 1911. Seite 103 u. f.

geschrieben. Es ist dies im allgemeinen ein Zeichen gesunder Verhältnisse und einer vorsichtigen Wirtschaftspolitik der betreffenden Unternehmung.

Einen weiteren wichtigen Punkt in der Bilanz bilden die Vorräte an Fabrikaten und ihr Verhältnis zu den Debitoren.

Die Vorräte an Fabrikaten, welche fast eine jede Unternehmung benötigt, um keine Stockung im Verkauf eintreten zu lassen, müssen richtig bemessen sein, um einerseits der Nachfrage rechtzeitig begegnen zu können und andererseits die Selbstkosten der Unternehmung nicht unnötigerweise zu erhöhen.

Eine Erhöhung der Selbstkosten tritt bei den Lagervorräten stets durch die Verzinsung des in ihnen angelegten Kapitals ein und unter Umständen außerdem auch durch die Wertverminderung, welche die Vorräte bei längerem Lagern erleiden.

Wie hoch die Menge und der Wert der Lagervorräte an Fabrikaten zu bemessen sind, wird sich je nach der Art der Fabrikate und den Lieferungsgebräuchen auf dem allgemeinen Markte der industriellen Unternehmung richten. So werden z. B. in der Lederindustrie größere Lagervorräte gehalten werden müssen als in der Maschinenindustrie, und andererseits werden z. B. Eisenkonstruktionswerkstätten und Brückenbauanstalten überhaupt keine Vorräte an Fabrikaten halten, weil sie die Eisenkonstruktionen und Brücken nur von Fall zu Fall besonders anfertigen können.

Die Lagervorräte an Fabrikaten dürfen indessen in keinem Falle in einem überspannten Verhältnisse zu den Debitoren und zu dem Anlagekapital der Unternehmung stehen.

Ein solches überspanntes Verhältnis liegt z. B. vor, wenn der Wert des Vorrats an Fertigfabrikaten ein höherer ist als das *Anlagekapital* der Unternehmung. Man findet derartige große Lagervorräte des öftern bei Unternehmungen, welche viel Kredit in Anspruch nehmen. Es ist dann jedoch der Kredit sehr stark überspannt und mithin auch eine Gefährdung der Gläubiger der Unternehmung vorhanden.

Einen guten Maßstab für die richtige Bemessung der Lagervorräte an Fabrikaten erhält man, wenn man das Verhältnis derselben zu den Debitoren betrachtet.

Die üblichen Kredite, welche die einzelnen industriellen Unternehmungen ihren Abnehmern gewähren müssen, haben sich auf dem allgemeinen Markte erst im Laufe der Zeit entwickelt.

Während ursprünglich der Produzent mit dem Konsumenten unmittelbar verhandelte und der Verkauf nur gegen bar erfolgte, entwickelte sich, mit dem Größerwerden der industriellen Unternehmungen einerseits und dem Auftreten des Zwischenhandels andererseits, der Verkauf auf Kredit.

Der Zwischenhandel beanspruchte jedoch eine Kreditdauer, welche es ihm ermöglichte, das Fabrikat innerhalb der Kreditzeit weiterzuverkaufen, um es dann erst aus dem Verkaufserlöse an die industrielle Unternehmung zu bezahlen.

Im allgemeinen baut sich auch noch in der Gegenwart der von den industriellen Unternehmungen einzuräumende Kredit auf dieser Grundlage auf. Hieraus ergibt sich aber auch das Verhältnis, in welchem die Lagervorräte an Fertigfabrikaten zu den Debitoren der Unternehmung stehen müssen.

Da eine jede industrielle Unternehmung nur über ein begrenztes Betriebskapital verfügt, welches dazu dient, in Fabrikate verwandelt zu werden, so kann sie nur einen Teil dieses Betriebskapitals ihren Abnehmern in Gestalt von Fabrikaten kreditieren. Den Rest des Betriebskapitals braucht die Unternehmung, um in der Zwischenzeit bis zu dem Eingange der für die verkauften Fabrikate kreditierten Beträge neue Fabrikate zu erzeugen.

Theoretisch würde sich dies so darstellen, daß die eine Hälfte des Betriebskapitals in Gestalt der Fabrikate an die Kundschaft verkauft und kreditiert ist. Die andere Hälfte des Betriebskapitals wird dagegen in der Zeit bis zum Ablaufe des gewährten Kredites und dem Hereinkommen der kreditierten Beträge in Fabrikate verwandelt, welche dann ihrerseits wieder verkauft und kreditiert werden.

In der Praxis wird sich allerdings dieser stetige Wechsel der beiden Hälften des Betriebskapitals mit ihrer Umwandlung in Fabrikate und Rückwandlung in Betriebskapital nicht so regelmäßig vollziehen, sondern Verschiebungen erleiden.

Diese Verschiebungen sind jedoch ohne Einfluß auf den Grundgedanken, aus welchem sich die Bemessung der Lagervorräte nach Menge und Wert ergibt.

Die Höhe der vorrätig zu haltenden Lagerwaren ist abhängig zu machen von dem Umfange des für verkaufte Fabrikate gewährten Kredites und von der Dauer desselben.

Da nun eine jede industrielle Unternehmung, außer dem Kapital, welches sie in Krediten bei ihren Abnehmern ausstehen hat, und außer dem Kapital, welches sie in den Lagervorräten von Fabrikaten angelegt hat, auch noch Betriebskapital für die Aufrechterhaltung ihres Betriebes gebraucht, kann sie nicht die eine Hälfte ihres Betriebskapitals der Kundschaft kreditiert und die andere Hälfte in Vorräten an Fabrikaten angelegt haben. Es würde ihr in diesem Falle an Mitteln zur Aufrechterhaltung des Betriebes fehlen.

Es müssen also entweder die der Kundschaft zu gewährenden Kredite oder die Vorräte an Fabrikaten eingeschränkt werden, um die Mittel für die Aufrechterhaltung des Betriebes frei zu bekommen.

Die Stärke der Entwickelung der industriellen Unternehmung ruht nun in der Größe des zu erzielenden Umsatzes und nicht in der Menge der Lagervorräte an Fabrikaten. Daraus ergibt sich, daß das Vorratslager an Fabrikaten zugunsten des Umsatzes bzw. der den Abnehmern zu gewährenden Kredite einzuschränken ist.

Andererseits nimmt aber auch die industrielle Unternehmung bei ihren Lieferanten der Rohstoffe, Halbfabrikate und Betriebsmaterialien Kredit in Anspruch und erhöht dadurch, solange dieser Kredit nicht überspannt ist, ihre wirtschaftliche Leistungsfähigkeit. Es ergibt sich daher aus allen diesen Überlegungen heraus der Grundsatz:

Das in den Lagervorräten an Fabrikaten angelegte Kapital soll kleiner sein als das an die Abnehmer von Fabrikaten (Debitoren) ausgeliehene Kapital. Bei gesunden Kreditverhältnissen der industriellen Unternehmung darf indessen der Wert der Vorräte an Fabrikaten ebenso hoch sein, wie der Wert der ausstehenden Forderungen (Debitoren).

Gesund sind die Kreditverhältnisse der Unternehmung, wie dies schon in dem vorangegangenen Kapitel über die kaufmännische Begutachtung ausgeführt worden ist, *wenn der Wert aller realisierbaren Vermögensteile der industriellen Unternehmung größer ist als der Wert der Gläubigerforderungen (Kreditoren).*

Bei den vorstehenden Ausführungen über das Verhältnis der Lagervorräte an Fertigfabrikaten zu den Debitoren der industriellen Unternehmung ist noch zu berücksichtigen, daß die industrielle

Unternehmung mit dem Eingange des Verkaufserlöses nicht allein den Selbstkostenwert der Fabrikate erstattet erhält, sondern darüber hinaus auch den Gewinnaufschlag, welcher in dem Verkaufspreise enthalten ist.

Man könnte hieraus den Schluß ziehen, daß dieser Gewinnbetrag allein ausreichen müßte, um der Unternehmung genügendes Kapital für die Aufrechterhaltung des Betriebes zuzuführen, selbst wenn sie die eine Hälfte ihres Betriebskapitals in Vorräten an Fabrikaten und die andere Hälfte in Krediten bei ihren Abnehmern angelegt hätte. Die Unternehmung hätte also nicht nötig, ihrerseits Kredite in Anspruch zu nehmen.

Diese Schlußfolgerung wäre unrichtig. *Die Inanspruchnahme von Kredit bildet gleich wie die Gewährung von Kredit die Grundlage einer jeden industriellen und kaufmännischen Wirtschaft, ohne welche sie nicht imstande ist, die Grenze ihrer Leistungsfähigkeit zu erreichen. Dann aber kann auch nicht der gesamte Gewinn der Unternehmung zur Stärkung des Betriebskapitals verwendet werden. Ein Teil des Gewinnes gehört dem Unternehmer als Risikoprämie und als Verzinsung seines in der Unternehmung investierten Kapitals, ein anderer Teil des Gewinnes muß der Instandhaltung und dem Ausbau der Betriebsanlagen, also dem Anlagekapital, dienen, und nur der Rest kann dem Reservefonds zugeführt bzw. zur Stärkung des Betriebskapitals verwendet werden.*

Aus der Kreditwirtschaft der industriellen Unternehmung ergibt sich ferner noch die Bedingung, daß auch das Verhältnis zwischen „Debitoren" und „Kreditoren" der Unternehmung ein richtiges sein muß, wenn die Unternehmung eine gesunde Entwickelung nehmen soll.

Wenngleich, wie schon mehrfach erwähnt, den „Kreditoren" das *gesamte* realisierbare Vermögen der industriellen Unternehmung als Sicherheit gegenübersteht, würde es dennoch das Zeichen einer ungesunden Wirtschaft sein, wenn die Unternehmung ihren Kredit bis zu der Höhe ihres Gesamtvermögens anspannen wollte. Eine derartige Kreditinanspruchnahme wäre nur *vorübergehend* in besonderen, ganz außerordentlichen Fällen zulässig.

Stände doch anderenfalls die Unternehmung vor der steten Gefahr, infolge irgendeines unerwarteten Zufalles, ihr *gesamtes* Vermögen realisieren zu müssen, um mit ihm die Verpflichtungen gegen ihre Gläubiger abzulösen. *Dies wäre jedoch gleichbedeutend mit dem Aufhören der industriellen Unternehmung.*

Anders läge die Sache bereits, wenn die industrielle Unternehmung ihren Kredit nur so weit in Anspruch nehmen würde, als die Höhe ihres Betriebskapitals beträgt.

Aber auch in diesem Falle würde die Unternehmung bei dem Eintritt irgendeines unerwarteten Ereignisses ihren Betrieb einstellen müssen, da sie ihr gesamtes Betriebskapital zur Bezahlung der Forderungen ihrer Gläubiger verwenden müßte.

Sie würde also wohl ihr Anlagekapital, d. h. ihr in den Grundstücken, Gebäuden, Maschinen usw. angelegtes Kapital behalten, aber kein Betriebskapital mehr haben, um mit diesen Produktionsmitteln eine wirtschaftliche Tätigkeit auszuüben.

Da nun das Betriebskapital sich in der Hauptsache zusammensetzt aus dem Bestande an flüssigen Geldwerten, wie Wechseln, Wertpapieren, Guthaben bei Banken und Bargeld in der Kasse der Unternehmung, sowie aus den Vorräten an Rohstoffen und Betriebsmaterialien, den Vorräten an Fabrikaten und den Forderungen an die Abnehmer (Debitoren), so ergibt sich hieraus, daß der von der Unternehmung in Anspruch genommene Kredit niemals so hoch sein sollte, als der Gesamtwert dieser Vermögensteile beträgt.

Die Unternehmung sollte vielmehr stets zur Sicherung der Aufrechterhaltung ihres Betriebes ihre Geldwerte, Rohstoffe, Betriebsmaterialien und Vorräte an Fabrikaten schuldenfrei zu ihrer Verfügung halten.

Eine vorsichtige Wirtschaftspolitik der industriellen Unternehmung wird noch weitergehen und ihren eigenen Kredit nicht so weit, oder doch höchstens nur so weit in Anspruch nehmen, als sie selbst den Abnehmern ihrer Fabrikate Kredit gewähren muß. Damit kann die Unternehmung die Ansprüche, welche ihre Gläubiger an sie zu stellen haben, allein schon aus den Forderungen decken, welche sie selbst an ihre eigenen Schuldner (Debitoren) hat.

Denkt man sich theoretisch den Fall, daß eine industrielle Unternehmung ihre *gesamte* Produktions- und Verkaufswirtschaft „auf Borg“ betreiben würde, um erst nach Eingang des Verkaufserlöses ihre Verbindlichkeiten abzulösen, dann müßte stets der bei den Käufern ihrer Fabrikate (Debitoren) für sie ausstehende Betrag höher sein als der von ihr an ihre Gläubiger (Kreditoren) geschuldete Betrag, weil ja in dem Verkaufspreise der Fabrikate, also in der Forderung an die Debitoren, auch der *Gewinn* der Unternehmung enthalten ist. Die Unternehmung würde sich also in gesunder Weise entwickeln können, weil sie stets mehr zu fordern hätte, als sie selbst schuldig wäre, und weil ihr bei der Abrechnung der gegenseitigen Verbindlichkeiten der Überschuß als ihr *Gewinn* für die von ihr gewissermaßen ausgeübte Vermittelung zwischen Produzenten und Konsumenten zufließen würde.

In der Praxis kann selbstverständlich von einer derartigen „Borgwirtschaft“ nicht die Rede sein. Wohl aber ergibt sich aus diesem theoretischen Beispiel die Folgerung, daß bei einer auf gesunder Grundlage wirtschaftenden und sich in normaler Weise entwickelnden industriellen Unternehmung *die Debitoren stets einen höheren Betrag ausweisen sollten als die Kreditoren.*

Geht die Gesamtsumme, welche die Kreditoren der Unternehmung von dieser zu fordern haben, über die Gesamtsumme hinaus, welche die Debitoren der Unternehmung schulden, dann beginnt *die Liquidität der Unternehmung* sich ungünstig zu gestalten. Sie wird um so ungünstiger, je mehr zu den Debitoren auch noch von dem Kassenbestande und den Vorräten an Fabrikaten hinzugerechnet werden muß, um die Gesamtsumme der Kreditorenforderungen zu erreichen.

Eine ungünstige Liquidität der industriellen Unternehmung macht jedoch eine übermäßige Anspannung des Kredites der Unternehmung notwendig, und diese wiederum hat eine Steigerung der Produktionskosten zur Folge.

Der Grund hierfür liegt darin, daß in diesem Falle Kredit auch von anderer Seite als nur von den Lieferanten der Unternehmung in Gestalt der von diesen gelieferten Waren in Anspruch genommen werden muß. Dieser von Dritten, wie Banken usw., gewährte Kredit ist aber stets nur gegen Bewilligung eines höheren Zinsfußes zu erhalten als der Zinsfuß beim Warenumsatz beträgt.

Solange also die industrielle Unternehmung nur so viel Kredit für den Bezug von Waren bei ihren Lieferanten in Anspruch nimmt, als sie selbst ihren Abnehmern bei dem Verkauf von Waren gewährt, gleichen sich die von ihr zu zahlenden Zinsen und die Zinsen, welche sie selbst erhält, aus.

Muß die industrielle Unternehmung dagegen einen Teil ihres Betriebskapitals von anderen Dritten borgen, dann muß sie für diesen Teil des Betriebskapitals höhere Zinsen zahlen und dadurch ihre Produktion verteuern.

Diese Verteuerung der Produktion macht sich besonders dann bemerkbar, wenn die industrielle Unternehmung den ihr aus dem Verkaufserlöse der Fabrikate zufließenden Gewinn vollständig für die Verbesserung ihrer Betriebsanlagen oder für die Erhöhung ihres Betriebskapitals, in Gestalt der Vermehrung ihrer Vorräte an Rohstoffen, Betriebsmaterialien und Fabrikaten bzw. in der Erhöhung ihrer Forderungen (Debitoren) durch vermehrte Kreditgewährung, verwendet hat.

In diesem Falle ist sie nicht in der Lage, den an den Eigentümer der Unternehmung auszuzahlenden Gewinnanteil (Dividende) aus ihren eigenen baren Mitteln zu decken, vielmehr muß sie hierfür Kredit bei einem Außenstehenden, ihrem Bankier, in Anspruch nehmen.

Da der Zinsfuß eines Bankdarlehens stets höher ist als der für das eigene Kapital zu rechnende Zinsfuß, bedeutet also jede in der Bilanz ausgewiesene Schuld an eine Bank, daß die Produktion der industriellen Unternehmung sich teurer stellt, als sie bei vorsichtiger Wirtschaft sich gestellt hätte.

Der Gewinnkoeffizient wird also stets durch eine Inanspruchnahme von Kredit bei einem Außenstehenden, einer Bank usw., geschmälert.

Trotzdem kann diese Finanzwirtschaft aber in dem Falle zu billigen sein, wenn der Umsatz an Fabrikaten durch diesen Bankkredit derart gesteigert werden kann, daß der Gesamtgewinnbetrag tatsächlich ein höherer wird, als er ohne den Bankkredit geworden wäre.

---

d) Die Berechnung des Wertes der Unternehmung.

Der wirtschaftliche Wert einer industriellen Unternehmung wird einerseits bedingt durch die Größe des in ihr angelegten Kapitals und andererseits durch die Höhe ihres Reinertrages, mit welchem sie dieses Kapital verzinst.

In diesen beiden Faktoren, Kapital und Ertrag, sind bereits alle besonderen Verhältnisse der einzelnen Unternehmung, wie Monopolrechte, wirtschaftlicher Wert der „Firma“, gute oder mangelhafte Betriebsanlagen, günstiger oder ungünstiger Standort der Unternehmung, auf- und absteigende Konjunktur auf dem allgemeinen Markte der Unternehmung usw., enthalten, bzw. finden sie in ihnen ihren ziffermäßigen Ausdruck.

Man wird also stets die beiden Faktoren „Kapital und Ertrag“ miteinander kombinieren müssen, wenn man den Wert einer industriellen Unternehmung berechnen will.

Die vielfach übliche Methode, den Tauschwert einer industriellen Unternehmung allein aus ihrem Ertrage zu errechnen, d. h. aus der Summe der diskontierten Zukunftserträge und sonstigen Nutzungen[1]), hat insofern ihre Bedenken, als sie die vorhandenen Sachwerte, wie Grundstücke, Gebäude, Maschinen usw., außer acht läßt. Gerade diese Sachwerte bieten jedoch dem Erwerber der Unternehmung eine gewisse Sicherheit für das von ihm in die Unternehmung zu investierende Kapital für den Fall, daß Umstände eintreten sollten, die die Unternehmung unrentabel gestalten oder gänzlich zum Erliegen bringen. Der Erwerber wird dann wenigstens einen Teil des von ihm gezahlten Kaufpreises aus dem Verkaufserlöse dieser Sachgegenstände wieder zurückerhalten und unter Umständen sogar noch einen Gewinn bei ihrem Verkaufe erzielen können. Es kann daher in manchen Fällen eine Unternehmung mit einem großen Kapital, d. h. wertvollen Sachgegenständen und kleinerem Reinertrage, einen höheren Wert haben als eine solche mit kleinem Kapital und größerem Reinertrage. Andererseits wird man auch bei einer notleidenden Unternehmung, die überhaupt keinen Reinertrag abwirft oder gar mit Verlust arbeitet, nicht gut mit Zukunftserträgen rechnen können, vielmehr den zeitigen Wert der Unternehmung in der Hauptsache nach den vorhandenen Sachgegenständen zu bestimmen haben.

Wenngleich man nun durch die Kombination von Kapital und Ertrag eine bestimmte Wertziffer für eine jede industrielle Unternehmung berechnen kann, so muß dennoch hervorgehoben werden, daß diese Ziffer immer nur als eine *Schätzung* angesehen werden

---

[1]) *Goedecke, C. H.*, „Sachwert und Ertragswert nebst Baukontierung und Abschreibung von Werken mit Betriebsnetzen“, München 1917, S. 140, sagt darüber: „Der Ertragswert eines Unternehmens ist dessen Wert in Rücksicht auf den Ertrag, und in dem besonderen Fall, daß der Ertragswert gleich dem Verkaufswert oder dem gemeinen Wert sein soll, ist er gleich einem Kapital, das sich als Summe der auf heute diskontierten zukünftigen Einnahmen und sonstigen aus dem Unternehmen zu ziehenden Vorteilen ergibt.“

darf, weil eine bestimmte unter allen Umständen allein richtige Ziffer für den Wert einer *industriellen* Unternehmung sich *niemals* feststellen läßt.

Der Grund hierfür ist, daß die Wertberechnung selbst sich nur auf *geschätzten* Ziffern aufbaut, denn es ist z. B. nicht möglich, den Wert von Gebäuden, Maschinen, Utensilien usw. in ihrem *zeitigen* Zustande, sowie von Patenten, Forderungen und ähnlichen Rechten vollkommen genau zu beziffern.

Außerdem ist aber auch der Wert einer jeden industriellen Unternehmung von so vielen Faktoren in ihren inneren Verhältnissen, ihrer Organisation und ihren Beziehungen zu ihrem allgemeinen Markte abhängig, daß keine Wertberechnung imstande ist, auch diese Faktoren ziffermäßig genau abzuschätzen.

Der wirtschaftliche Wert einer industriellen Unternehmung ist, wie schon an früherer Stelle erwähnt, ihr **Tauschwert**, d. h. derjenige Geldbetrag, welcher zwischen dem Veräußerer der Unternehmung und ihrem Erwerber als *Kaufpreis* in Frage kommt, wenn die Unternehmung, wie sie steht und liegt, *mit allen ihren Aktiven und Passiven* verkauft werden soll.

Da jedoch bei dem Verkaufe einer industriellen Unternehmung die Interessen des Veräußerers derselben und ihres Erwerbers sich stets gegenüberstehen, hat die Berechnung des Wertes der Unternehmung denjenigen Betrag zu ermitteln, welcher den Interessen beider vorgenannten Parteien *gleichmäßig* gerecht wird.

Dieser Ausgleich findet dadurch statt, daß das Risiko berücksichtigt wird, welches mit einer jeden industriellen Unternehmung verknüpft ist.

Der bisherige Eigentümer der industriellen Unternehmung hat einen Anspruch darauf, daß er bei dem Verkaufe der Unternehmung nicht nur sein in derselben angelegtes Kapital wieder zurückerhält, sondern darüber hinaus auch noch eine Abfindung für die von ihm geschaffene Organisation der Unternehmung und die von ihm hergestellten Beziehungen zu ihrem allgemeinen Markte, welche die Grundlage *für die Erwirtschaftung des Ertrages* der Unternehmung bilden. Er hat jedoch keinen Anspruch mehr darauf, daß sich sein Kapital nunmehr noch zu demselben hohen Zinsfuße verzinst, wie es aus dem Ertrage der Unternehmung bisher geschah, weil er fortan von *dem Risiko der Unternehmung entbunden ist*, welches mit einer jeden industriellen Unternehmung verknüpft ist.

Es können so vielerlei Umstände eintreten, welche einen bis dahin blühenden Industriezweig lahmlegen, daß auch die bestblühende industrielle Unternehmung keine Gewähr für eine andauernd hohe Verzinsung des in ihr angelegten Kapitals bietet. Eine neue Erfindung, das Aufkommen neuer Produktionsmethoden, ein Wechsel der Mode, das Auftreten neuer Bedürfnisse, eine Verschiebung des Verkehrs und ähnliche Einflüsse von Bedeutung für den Betrieb der betreffenden Unternehmung bilden eine stete Gefahr, mit welcher bei einer jeden industriellen Unternehmung gerechnet werden muß.

Es ist mithin selbstverständlich, daß von industriellen Unternehmungen angesichts dieser Gefahr eine höhere Verzinsung des in ihnen angelegten Kapitals verlangt wird, als der landesübliche Zinsfuß beträgt. Dieses begründete Verlangen ist jedoch nicht gleichmäßig für alle industriellen Produktionszweige zu stellen, weil die verschiedenen Gefahren nicht auch die verschiedenen Industriezweige gleichmäßig bedrohen.

So wird eine industrielle Unternehmung der Nahrungsmittelbranche, z. B. eine Brauerei oder eine Getreidemühle, der Gefahr eines Wechsels der Mode nur wenig ausgesetzt sein, während andererseits diese Gefahr z. B. bei einer Unternehmung der Beleuchtungsbranche, einer Lampenfabrik, in hohem Maße vorliegt.

Es hat sich daher auch im Laufe der Zeit bereits eine gewisse Erfahrung über die Beständigkeit, d. h. die Lebensdauer von industriellen Unternehmungen herausgebildet.

Im besonderen sind es die Gas- und Elektrizitätswerke sowie die Unternehmungen der Nahrungsmittelbranche, wie Brauereien, Mühlen, Spritfabriken usw. und auch die Verkehrsunternehmungen, welche als langlebige angesehen werden. Ihnen gegenüber stehen die Unternehmungen der Fahrradindustrie, Automobilindustrie sowie Minengesellschaften, Petroleumgesellschaften usw., denen man eine schwankende und vielfach nur kurze Lebensdauer beimißt.

Bei der Berechnung des Wertes einer bestimmten industriellen Unternehmung muß daher auch das verschiedenartige Risiko der einzelnen Industriezweige berücksichtigt werden.

Hat ein Industriezweig erfahrungsgemäß eine kurze Lebensdauer, dann ist auch das mit ihm verbundene Risiko höher. Es ist also ein berechtigtes Verlangen, daß das in einer Unternehmung dieses Industriezweiges angelegte Kapital sich höher verzinst als das Kapital einer anderen langlebigeren und mit einem geringeren Risiko verknüpften industriellen Unternehmung.

Bei einer jeden Kapitalsanlage kommt in erster Linie die Sicherheit für das Kapital in Frage. Der mehr oder weniger großen Sicherheit des Kapitals hat jedoch auch die Rente zu entsprechen. Je gesicherter das Kapital ist, um so niedriger ist die Rente, denn Sicherheit für das Kapital und Höhe der Rente stehen stets in einem Gegensatz zueinander.

Der Erwerber der Unternehmung hat also Anspruch auf einen Gegenwert für seine Übernahme *des mit der Unternehmung verknüpften Risikos.* Dieser Gegenwert wird ihm dadurch geboten, daß er *sein Kapital* aus dem Ertrage der Unternehmung *höher* verzinsen kann, als es ihm bei sichererer Anlage, z. B. in Grundbesitz, Staatspapieren usw., zu dem landesüblichen Zinsfuße möglich wäre.

Der Reinertrag der industriellen Unternehmung muß daher bei der Wertberechnung derselben derart zwischen ihrem Veräußerer und Erwerber geteilt werden, daß der Veräußerer einen Vermögenszuwachs und der Erwerber einen entsprechenden Einkommenszuwachs erhält.

Die Ermittelung des Wertes der industriellen Unternehmung geschieht durch Abschätzung ihrer Vermögensteile im einzelnen und durch die Kalkulation des Reinertrages, welchen sie in ihrem Zustande zur Zeit der Wertung erzielen **kann.**

Es ist also nicht der bisher erzielte Ertrag der Unternehmung allein maßgebend. Vielmehr ist festzustellen, ob derselbe nicht, z. B. infolge Untüchtigkeit der Leitung, zu niedrig gewesen ist; oder ob er vielleicht, infolge Überanstrengung der Betriebseinrichtungen oder wegen einer nur vorübergehend günstig gewesenen Konjunktur ein anormal hoher war.

In die Wertberechnung einzusetzen ist alsdann derjenige Ertrag, welcher unter *normalen* Verhältnissen aus der Unternehmung erwirtschaftet wird, bzw. erwirtschaftet werden müßte.

Bei der Abschätzung der einzelnen Vermögensteile der Unternehmung ist zu beachten, ob der Fabrikationsbetrieb *in ungestörter Weise* fortgesetzt wird oder ob derselbe eingestellt wird, da die Höhe der Abschätzung, also *der zu ermittelnde Wert der einzelnen Vermögensteile,* hiervon abhängig ist.

Wird der Fabrikationsbetrieb fortgeführt, dann haben die Betriebsanlagen mit ihren maschinellen Einrichtungen und sonstigen Betriebsmitteln einen höheren Wert, weil die seinerzeit für ihre Errichtung gehabten Kosten, wie Frachten, Montagen usw., entsprechend zu berücksichtigen sind.

Soll dagegen der bisherige Fabrikationsbetrieb eingestellt werden, sei es z. B. zugunsten einer anderweitigen neuen Produktion, oder um die gesamten Betriebsanlagen abzubrechen und nach einem anderen Standorte zu überführen, dann ist der Wert der Betriebsanlagen und ihres Zubehörs ein niedrigerer. Er vermindert sich einmal um die seinerzeit gehabten Kosten der Frachten, Montagen usw., weil dieselben durch den Abbruch verloren gehen, und außerdem auch noch um die nunmehr nötigen Kosten des Abbruches und um die Wertverminderung, welche erfahrungsgemäß derartige Betriebsanlagen allgemein durch ihren Abbruch erleiden.

Für die richtige Kalkulation des zu erwirtschaftenden *Ertrages* bzw. des aus diesem zu erzielenden Gewinnes ist eine wichtige Voraussetzung, daß die wirtschaftliche Tätigkeit der Unternehmung ordnungsgemäß erfolgt und die vorhandenen Hilfsmittel aufs beste benützt werden.

Da der Wert einer industriellen Unternehmung sich nicht allein aus *Sachgütern* zusammensetzt, für welche sich ein allgemeiner Marktwert feststellen läßt, sondern sich außerdem auf den *Ertrag* der Unternehmung stützt, müssen auch alle einschlägigen Verhältnisse, welche den Ertrag beeinflussen, berücksichtigt werden.

Es kann z. B. eine industrielle Unternehmung einen höheren Tauschwert haben, als ihrem zeitigen Ertrage entspricht, wenn z. B. die Begabung des Unternehmers oder die ihm zur Verfügung stehenden finanziellen Mittel nicht ausreichen, um die Produktivität der vorhandenen Betriebsanlagen auf ihre Höchstgrenze zu bringen und die allgemeine Marktlage richtig auszunützen.

Andererseits wiederum kann der Gebrauchswert der Unternehmung für deren Erwerber oft niedriger sein, als ihrem Tauschwerte entspricht. Dies ist z. B. der Fall, wenn der Erwerber die Unternehmung nach seinen Ideen auszugestalten beabsichtigt und hierbei mancherlei Bestandteile ihrer Betriebsanlagen oder deren Zubehöre nicht verwenden kann, so daß dieselben *für ihn* so gut wie wertlos sind.

Auf die Ermittelung des **Tauschwertes** *der industriellen Unternehmung ist indessen die beabsichtigte finanzielle Transaktion, wegen derer die wirtschaftliche Wertung erfolgt, ohne jeden Einfluß.*

Die Berechnung des Wertes der Unternehmung hat vielmehr bei der Feststellung des Tauschwertes ausschließlich nur den zeitigen Wert der einzelnen Vermögensteile und die Ertragsmöglichkeit der Unternehmung in deren zeitigem Zustande zu berücksichtigen. Ist eine Ertragsmöglichkeit überhaupt ausgeschlossen, dann kommt nur noch der Wert der einzelnen Vermögensteile in Frage.

Hierdurch wird sie sowohl den Interessen des Veräußerers als auch denen des Erwerbers der Unternehmung am besten gerecht.

Ob die an der finanziellen Transaktion Beteiligten an diesen ermittelten Tauschwert sich gebunden erachten oder denselben nur als ein Sachverständigengutachten betrachten, das ihnen als Unterlage bei ihrer Vereinbarung des Kaufpreises dient, berührt die wirtschaftliche Wertung der Unternehmung nicht.

Eine solche anderweitige Vereinbarung des Kaufpreises wird z. B. zwischen den Beteiligten meistens dann stattfinden, wenn es sich um die Umwandlung einer industriellen Einzelunternehmung in eine Aktiengesellschaft handelt, deren Aktien alsbald, d. h. nach Ablauf der gesetzlich vorgeschriebenen Frist, an der Börse eingeführt werden sollen.

In diesem Falle ist die Entscheidung über die Bemessung des Aktienkapitals davon abhängig, ob der bisherige Eigentümer der industriellen Unternehmung die Aktien, welche er als Kaufpreis für die Abtretung seiner Unternehmung an die neu zu bildende Aktiengesellschaft empfängt, selbst behalten oder bald verkaufen will.

Ist das erstere der Fall, dann wird er seine Zustimmung dazu geben, daß das Aktienkapital der neuen Gesellschaft weit *niedriger* festgesetzt wird, als der durch die wirtschaftliche Wertung ermittelte Tauschwert der Unternehmung beträgt.

Er hat dadurch den Vorteil, daß die Aktien der Unternehmung einen höheren Kursstand erreichen, weil das niedrigere Aktienkapital sich leichter verzinsen läßt, also eine höhere Dividende erzielt als ein höheres Aktienkapital, und weil es selbst in ungünstigen Jahren, in welchen das höhere Aktienkapital dividendenlos bliebe, noch eine Dividende bringt. Die Wahl eines niedrigen Aktienkapitals stärkt also die Unternehmung, denn Unterbewertung der Aktiven und Überbewertung der Passiven, durch Schaffung von Reserven für unvorhergesehene Ereignisse ist stets eine Verstärkung der Zahlungsfähigkeit der Unternehmung.

Durch die Festsetzung des niedrigeren Aktienkapitals werden der neuen Aktiengesellschaft *stille Reserven* geschaffen, welche einen höheren Kursstand der Aktien rechtfertigen, eine ziemlich gleichbleibende Höhe der Dividenden sichern und dadurch auch den Kurs der Aktien vor heftigen Schwankungen bewahren. Infolgedessen tauscht der Unternehmer also für seine Unternehmung ein Wertpapier ein, welches infolge aller dieser Eigenschaften eine gute Kapitalsanlage für ihn bedeutet.

Im anderen Falle, d. h. wenn der bisherige Eigentümer der Unternehmung kein Interesse an der neuen Aktiengesellschaft hat, vielmehr beabsichtigt, die ihm als Kaufpreis eingehändigten Aktien sobald als möglich zu verkaufen, um das von ihm in der Unternehmung angelegte Kapital zurückzuerhalten, wird er verlangen, daß das Aktienkapital in Höhe des Tauschwertes der Unternehmung, welcher durch die wirtschaftliche Wertung ermittelt worden ist, festgesetzt wird.

Es kommt sogar des öfteren vor, daß das Aktienkapital, um einseitige Interessen zu befriedigen, noch höher bemessen wird, als der durch die wirtschaftliche Wertung der Unternehmung ermittelte Tauschwert derselben beträgt. In diesem Falle ist die neue Aktiengesellschaft jedoch „übergründet" und geht deshalb einer sehr unsicheren Zukunft entgegen.

Eine jede auf einer gesunden Grundlage errichtete und ordnungsgemäß bewirtschaftete industrielle Unternehmung wird nicht nur ihr „Geschäftskapital" (Aktienkapital) höher verzinsen als zu dem landesüblichen Zinsfuße, sondern auch ihr Vermögen stetig erhöhen, und zwar durch die Einbehaltung eines Teiles des von ihr erzielten Gewinnes und Verwendung desselben für den weiteren Ausbau der Betriebsanlagen und der gesamten Organisation.

Das buchmäßig ausgewiesene „Geschäftskapital" wird in seiner ursprünglichen Ziffer durch diese Vermögenserhöhung nicht verändert. Dieselbe kommt vielmehr dadurch zum Ausdruck, daß der Gesamtwert aller Vermögensteile, nach Abzug der Schulden der Unternehmung, sich höher stellt als das „Geschäftskapital".

Diese Vermögenserhöhung findet indessen ihre Grenzen einmal in den Verhältnissen des allgemeinen Marktes, welche eine übermäßige Ausdehnung der Unternehmung ohne Schmälerung des Gewinnes nicht zulassen, und dann auch in den Interessen des

Eigentümers der Unternehmung, welcher nur auf einen kleineren Teil seines Einkommens aus derselben zugunsten ihres Ausbaues verzichten kann.

Wenn diese Grenzen nicht willkürlich überschritten werden, kann man von einer „gesunden“ Entwickelung der Unternehmung sprechen.

Als gesund entwickelt kann man mithin diejenigen Unternehmungen ansehen, welche unter geordneten Verhältnissen arbeiten, ihr Vermögen innerhalb normaler Grenzen aus ihrem Reinertrage vermehrt haben und ihr buchmäßiges Geschäftskapital höher verzinsen als zu dem landesüblichen Zinsfuße.

Soll nun der wirtschaftliche Wert einer industriellen Unternehmung ermittelt werden, so läßt sich wohl für die Berechnung desselben eine allgemeine Regel aufstellen, welche bei den wie vorstehend angeführt „gesund“ entwickelten Unternehmungen angewendet werden kann.

Dagegen ist es *unmöglich*, eine Regel für die Berechnung des wirtschaftlichen Wertes aufzustellen, welche unterschiedslos für *alle* industriellen Unternehmungen verwendbar wäre.

Alle diejenigen industriellen Unternehmungen, deren Entwickelung, sei es zum Guten oder zum Schlimmen, infolge ihrer besonderen Verhältnisse keine „gesunde“ gewesen ist, können auch nur individuell, unter besonderer Berücksichtigung aller dieser Verhältnisse, wirtschaftlich gewertet werden[1]).

Im Falle der Bruttoertrag einer industriellen Unternehmung, nach Abzug aller Unkosten, Abschreibungen und Rückstellungen, d. h. also der zur Verzinsung des „*Geschäftskapitals*“ zur Verfügung stehende *Reinertrag*, einen höheren Zinsfuß ergibt als den landesüblichen, muß auch der zu ermittelnde *wirtschaftliche* oder *Tauschwert* der Unternehmung höher sein als ihr „Geschäftskapital“.

Trotzdem muß der ermittelte Tauschwert durch den Reinertrag immer noch *höher* verzinst werden als zu dem landesüblichen Zinsfuße.

---

[1]) *Zwiedineck, Otto v.*, „Kritisches und Positives zur Preislehre“ (Zeitschrift für die gesamte Staatswissenschaft, 65. Jahrgang). Tübingen 1909. Seite 93.

„Jede Unternehmung ist ein Individuum für sich, hat besondere Lebensfunktionen, wurzelt in einem besonderen Boden, muß die Nährstoffe aus besonderen Quellen ziehen, um leben zu können.“

In einem derartig bemessenen Tauschwerte liegt sowohl der schon weiter oben erwähnte *Ausgleich des mit der Unternehmung verknüpften Risikos*, als auch die *Abfindung für den Wert der „Firma“*, d. h. für die von dem bisherigen Eigentümer der Unternehmung geschaffene Organisation, ihre Beziehungen zur Kundschaft, etwaigen Monopolrechte und sonstigen Vorzüge.

Der bisherige Eigentümer der Unternehmung erhält als **Tauschwert** *ein* **höheres** *Kapital zurückgezahlt, als er in derselben angelegt hatte, und ihr Erwerber verzinst sein von ihm nunmehr in die Unternehmung eingebrachtes Kapital* **höher** *als zu dem landesüblichen Zinsfuße.*

Ist dagegen der Reinertrag der industriellen Unternehmung so gering, daß er ihr „Geschäftskapital“ nicht einmal mehr zu dem landesüblichen Zinsfuße verzinst, dann kommt für die Ermittelung des *Tauschwertes* der Unternehmung in der Hauptsache nur noch der Wert ihrer realisierbaren Vermögensteile in Frage.

Wie hoch der Tauschwert in diesem Falle zu bemessen ist, läßt sich nur von Fall zu Fall entscheiden. Jedenfalls ist der Tauschwert jedoch nicht niedriger als der Gesamtwert der realisierbaren Vermögensteile, nach Abzug der Schulden der Unternehmung, beträgt.

Sind die Selbstkosten der Unternehmung, zu denen auch die notwendigen Abschreibungen zu rechnen sind, höher als ihr Bruttoertrag, dann ist überhaupt kein Reinertrag vorhanden, sondern die Unternehmung arbeitet mit *Verlust.*

Dieser Verlust kann so lange ertragen werden, als das realisierbare Vermögen der Unternehmung ausreicht, um den Verlust zu tragen und außerdem die eigentlichen Schulden der Unternehmung, d. h. die Gläubigerforderungen, zu decken.

Ist diese Grenze erreicht, und damit auch der Verlust so groß geworden, daß der noch vorhandene Rest des realisierbaren Vermögens nur noch dazu ausreicht, um die Gläubigerforderungen zu bezahlen, dann liquidiert die Unternehmung, indem sie ihren Betrieb einstellt und mit diesem Reste ihres Vermögens ihre Gläubiger bezahlt.

Der *Eigentümer* der Unternehmung hat in diesem Falle der Liquidation sein gesamtes in der Unternehmung angelegtes Kapital verloren, die Gläubiger der Unternehmung sind dagegen voll ausgezahlt worden.

Selbstverständlich wird man in der Praxis nicht erst abwarten, bis das gesamte in der Unternehmung angelegte Kapital verloren ist, sondern schon vorher die Unternehmung liquidieren, zumal auch die Kosten der Liquidation berücksichtigt und noch gedeckt werden müssen.

Oder aber man wird rechtzeitig versuchen, durch eine *Sanierung der Unternehmung* dieser eine durchgreifende Hilfe zu bringen.

Die Sanierung einer industriellen Unternehmung hat stets den Zweck, ihr eine neue Grundlage zu schaffen, welche einen späteren günstigen Ertrag aus der Unternehmung erhoffen läßt und ihren Wiederaufbau ermöglicht.

Ist jedoch bei einer mit Verlust arbeitenden industriellen Unternehmung der günstige Zeitpunkt für die Sanierung oder für die Liquidation versäumt worden, und ist daher der Verlust derart angewachsen, daß der vorhandene Rest des realisierbaren Vermögens nicht mehr die Gläubigerforderungen deckt, dann ist die Unternehmung *überschuldet* und damit der Konkursfall gegeben.

Bei einer industriellen Unternehmung, welche mit Verlust arbeitet, kann von einem *wirtschaftlichen* Werte derselben nur dann noch gesprochen werden, wenn der Wert ihrer einzelnen Vermögensteile die Gläubigerforderungen erheblich überschreitet, und wenn ferner die inneren Verhältnisse der Unternehmung und die allgemeine Marktlage eine Besserung der zeitigen Lage der Unternehmung erhoffen lassen.

Befindet sich dagegen eine industrielle Unternehmung im Konkurs, dann hat sie keinerlei *wirtschaftlichen* Wert mehr, und ihr Tauschwert besteht dann nur noch in dem durch Taxation festzustellenden Werte ihrer einzelnen realisierbaren Vermögensteile, aus deren Verkaufserlöse die Gläubiger der Unternehmung soweit als möglich befriedigt werden.

Da die Berechnung des Wertes einer mit Gewinn arbeitenden industriellen Unternehmung auf einer Kombination aus „Vermögen und Ertrag“ der Unternehmung beruht, kann man für dieselbe ein ähnliche Methode anwenden wie diejenige, welche man der Berechnung des Wertes von bebauten Grundstücken zugrunde zu legen pflegt. Bei diesen pflegt man den Grund- und Gebäudewert durch Abschätzung festzustellen und ihren Nutzungswert zu dem landesüblichen Zinsfuße zu kapitalisieren. Der zu ermittelnde Wert des Grundstückes liegt alsdann in der Mitte zwischen dem Grund- und Gebäudewerte einerseits und dem kapitalisierten Nutzungswerte andererseits[1]).

Will man nun diese Methode auf die Wertermittelung von industriellen Unternehmungen anwenden, dann ergibt sich zunächst ohne weiteres, daß an Stelle des „Grund- und Gebäudewertes“ in diesem Falle „die gesamten reinen Vermögensteile der Unternehmung“ und an Stelle des „Nutzungswertes“ der „Reinertrag der Unternehmung“ in die Rechnung einzusetzen sind.

Dagegen darf man bei einer industriellen Unternehmung den Ertrag nicht mit dem landesüblichen Zinsfuße kapitalisieren, sondern muß wegen des mit der Unternehmung verknüpften Risikos, wie schon weiter oben ausgeführt, einen höheren Zinsfuß wählen, um auch die Risikoprämie für den Unternehmer einzuschließen.

Das Wesentliche liegt nun in jedem einzelnen Falle darin, den richtigen Zinsfuß zu bestimmen, zu welchem der Ertrag der Unternehmung unter Berücksichtigung aller für die betreffende Unternehmung in Frage kommenden Umstände kapitalisiert werden soll.

Wollte man hierbei nur die Interessen der Beteiligten berücksichtigen, für welche der Wert der industriellen Unternehmung ermittelt werden soll, dann würde man zu dem unhaltbaren Zustande kommen, daß sich überhaupt kein einheitlich feststehender Wert, d. h. gewissermaßen kein Marktwert der betreffenden Unternehmung, berechnen ließe. Ein einzelner Käufer einer industriellen Unternehmung würde z. B. in keinem Falle einen auch nur annähernd so hohen Preis für eine industrielle Unternehmung zahlen, wie eine Aktionärgruppe, welche die Unternehmung in eine Aktiengesellschaft umzuwandeln beabsichtigt. Bei dieser letzteren fällt eben der Umstand wesentlich in die Wagschale, daß das Risiko der industriellen Unternehmung in Zukunft nicht mehr von einem einzelnen getragen werden muß, sondern auf die Schultern vieler Aktionäre verteilt werden kann.

---

[1]) Siehe auch *Schmalenbach, E.*, „Die Werte von Anlagen und Unternehmungen in der Schätzungstechnik“ (Zeitschrift für Handelswissenschaftliche Forschung, 12. Jahrgang, 1./2. Heft, 1918, Seite 18).

„Der Taxwert, den wir hier im Auge haben, ist ein terminus der Wohnhausschätzung. Als Taxwert bezeichnet man hier vielfach das Mittel zwischen dem aus einkommenden Mieten abzüglich Kosten gebildeten Ertragswert und dem Kostenwert einer gleichen neuen Anlage, vermindert um richtige Abschreibung.

Es handelt sich hier um eine Praxis, die sich vermutlich mehr auf Grund einer gewissen Bewährung als auf Grund theoretischer Erwägung gebildet hat.“

Daher rechnet auch ein Aktionär anders als der Einzelkäufer. Während der Aktionär nur mit einem Teilbetrage an der Unternehmung beteiligt ist und sein Risiko jederzeit durch den Verkauf seiner Aktien beseitigen kann, hat der Einzelkäufer das ganze Kapital in der Unternehmung angelegt und kann weder sein Risiko begrenzen noch sich von der Unternehmung leicht befreien. Letzteres besonders dann nicht, wenn die Konjunktur rückgängig wird. Man findet daher meistens, daß der Einzelkäufer einer industriellen Unternehmung vor dem Kriege mit einer Verzinsung seines Kapitals von 10—12% rechnete, während der Käufer einer Industrieaktie, also nur eines Anteils an der Unternehmung, schon mit einer nur halb so hohen Verzinsung sich begnügte.

Daß letzteres die Regel war, zeigt sich auch, wenn man die effektive Verzinsung der bei dem Verkauf von industriellen Unternehmungen erzielten Verkaufspreise im Verhältnis zu ihrem Ertrage untersucht[1]).

[1]) Eine derartige Untersuchung ist ausgeführt in *Moral, Felix*, „Aktienkapital und Aktienemissionskurs bei industriellen Unternehmungen" (Heft 176 der Staats- und sozialwissenschaftlichen Forschungen). München und Leipzig 1914. S. 14 u. f.

Moral hat hier das Verhältnis zwischen den erzielten Verkaufspreisen, welche ihren Ausdruck in den Emissionskursen der an der Börse eingeführten Industrieaktien finden, und der effektiven Verzinsung auf Grund dieser Emissionskurse untersucht, und zwar bei sämtlichen an der Berliner Börse in den zehn Jahren von 1903—1912 eingeführten Aktien von industriellen Unternehmungen.

Diese Untersuchung führte zu dem folgenden Ergebnis:

Durchschnittswerte.

	Anzahl der Gesell-schaften	*Innerer Aktienwert*	*Letzte Dividende* (anscheinende Rentabilität) %	*Emissions-kurs*	*Effektive Rentabilität* auf Grund des Emissionskurses %
1. Maschinenfabriken . .	41	132,5	9,9	160,2	6,2
2. Metallwaren	40	122,6	9,5	158,5	6,0
3. Chemische Fabriken .	22	139,1	12,3	191,8	6,4
4. Textilindustrie	18	132,9	11,1	180,1	6,2
5. Steine, Zementfabriken	12	121,4	9,9	149,4	6,7
6. Brauereien, Spritfabr.	9	140,9	9,5	166,0	5,7
7. Porzellan, Tonwaren .	9	121,7	9,6	155,2	6,2
8. Elektr. u. opt. Apparate	9	130,5	12,7	200,8	6,3
9. Automobile, Fahrräder	7	152,5	15,6	250,3	6,2
10. Lederindustrie, Linol.	7	129,8	10,5	160,8	6,5
11. Papierfabriken, graph. Industrie	6	122,8	10,8	170,12	6,3
12. Mühlen, Zucker- u. Schokoladenfabriken . .	6	123,8	8,5	131,8	6,4
13. Bürsten, Zelluloidwar., Stühle, Musikinstrumente	5	134,3	10,8	171,2	6,3

Man findet in diesem Falle, daß die effektive Verzinsung der in industriellen Unternehmungen investierten Kapitalien vor dem Weltkriege im Durchschnitt $5^3/_4$—$6^3/_4$ % betrug, und zwar bei einem damals landesüblichen Zinsfuße von durchschnittlich 4—$4^1/_2$ %[1]). *Dieses Resultat darf als grundlegend für die Wertermittelung von industriellen Unternehmungen angesehen werden.*

Wenngleich es nicht üblich ist, bei industriellen Unternehmungen von einem „gemeinen Werte" oder „Marktwerte" derselben zu sprechen, kann man dennoch sagen, daß eine industrielle Unternehmung ebenso wie eine einzelne Maschine oder ein einzelnes Grundstück gleichfalls ihren „Marktwert" hat.

Ganz deutlich tritt dieser *Marktwert von industriellen Unternehmungen* an den Industrieaktien-Börsen auch äußerlich in die Erscheinung. *Ist doch der Kurs der Aktien nichts anderes als die Wertung der industriellen Unternehmung durch die Börse,* d. h. ihr „Marktwert", zu welchem, theoretisch gedacht, ein jeder, der *alle* Aktien der einzelnen Unternehmung aufkaufen wollte, diese Unternehmung zu seinem Eigentum erwerben könnte. In der Praxis wird dies allerdings nicht möglich sein, weil die Nachfrage des Käufers nach den Aktien den Kurs derselben in die Höhe treiben würde.

Wie aus der vorstehenden Zusammenstellung ersichtlich ist, beträgt die Differenz zwischen der niedrigsten und der höchsten effektiven Rentabilität auf Grund der durchschnittlichen Emissionskurse nur 1 %, die Differenz zwischen der niedrigsten und höchsten anscheinenden Rentabilität 7,1 % und die Differenz zwischen dem niedrigsten und höchsten Emissionskurse 118,5 %.

Es kommt also bei der Art der Kursbemessungen in der Praxis das eigenartige Endresultat heraus, daß die Differenz der durchschnittlichen effektiven Verzinsung des Kapitals bei industriellen Unternehmungen nur 1 % beträgt, und daß es sich bei den einzelnen Gruppen der industriellen Unternehmungen untereinander nur um Differenzen in der Kapitalverzinsung von einigen Zehnteln eines Prozentes handelt.

[1]) Auch *Prion, W.*, „Die Preisbildung an der Wertpapierbörse", Leipzig 1910, Seite 110 u. f., kommt zu einem ähnlichen Resultat. Er sagt:

„Der Zinssatz, mit dem der Kapitalist die Dividende kapitalisiert, um auf den Wert seiner Aktien zu kommen, richtet sich im allgemeinen nach dem landesüblichen Zinssatz, zu dem ein nach der Wertpapiergattung (Bank-, Schiffahrt-, Industrie-, Eisen- oder Kohlenaktien) und innerhalb dieser wieder nach den besonderen Verhältnissen der einzelnen Gesellschaften verschieden hoher Zuschlag als Risikoprämie tritt. So ist es bei einer Verzinsung der ersten einheimischen Staatsanleihen von $3^1/_2$%, der erststelligen Hypotheken von 4 % und bei einem offiziellen Diskontosatz der Reichsbank von 4—$4^1/_2$% üblich, für erste Bankaktien eine Verzinsung von mindestens 5—$5^1/_2$%, für erste Bergwerks- und Hüttenpapiere dagegen eine solche von mindestens $5^1/_2$—6 % anzusetzen."

Man kann also die an der Börse zum Ausdruck kommenden Bewertungen von industriellen Aktienunternehmungen gewissermaßen als die „Marktwerte" derselben bezeichnen. Tatsächlich spielen diese Bewertungen älterer bereits an der Börse eingeführter Unternehmungen auch eine erhebliche Rolle, wenn die Aktien einer industriellen Unternehmung neu an der Börse eingeführt werden sollen, d. h. wenn diese Unternehmung an das breite Publikum verkauft werden soll. Vielfach richtet sich dann der Emissionskurs der neu einzuführenden Aktien nach dem Kursstande der Aktien älterer Unternehmungen des gleichen Produktionszweiges.

Daß diese Bewertung industrieller Unternehmungen durch die Börse nur auf Aktienunternehmungen Anwendung findet und daß der Einzelkäufer einer industriellen Unternehmung von ganz anderen Erwägungen ausgeht als die Börse und daher auch zu anderen Resultaten bei der Wertberechnung kommt, ist selbstverständlich und auch schon weiter oben erwähnt.

Dennoch wird man bei der großen Bedeutung, welche die Vergesellschaftung in der industriellen Produktion bereits gewonnen hat und auch „infolge der gesunkenen Valuta und der Flucht des Geldbesitzes zu den Sachwerten" zukünftig neu hinzugewinnen wird, die Wertermittelung einer industriellen Unternehmung für Zwecke der Vergesellschaftung als die *Regel* anzusehen haben, dagegen die für einen Einzelkäufer als die Ausnahme[1]).

Zu berücksichtigen bei der Bewertung einer industriellen Unternehmung, d. h. bei der Bildung ihres „Marktwertes" durch die Börse ist jedoch der Umstand, daß an der Börse die Wertbildung, sich nicht immer auf sachlichen, richtigen Unterlagen aufbaut, sondern vielfach rein willkürlich bzw. spekulativ geschieht. Daraus ergibt sich wiederum die häufig beobachtete Tatsache, daß die

---

[1]) Über die Bildung des „Marktpreises" sagt *v. Zwiedineck, Otto*, „Kritisches und Positives zur Preislehre" (Zeitschrift für die gesamte Staatswissenschaft, 65. Jahrgang), Tübingen 1909, unter anderem auf Seite 83:

„Der *Marktpreis von gestern* — um es kurz zu sagen — ist es, der die Meinung von der Möglichkeit, eine Ware zu bekommen oder anzubringen, bestimmt und der vielfach geradezu der Anstoß zum Besuch bzw. zur Beschickung des Marktes von heute wird. Und überall, wo überhaupt nur eine halbwegs rege Beziehung zum Markte besteht, dort knüpft der Preis auch bei isolierten oder wenigstens verhältnismäßig isolierten Tauschvorgängen an den letzten bekannt gewordenen Marktpreis an. Bei isolierten Verkehrsvorgängen wird aber natürlich die Überlegenheit der einen Geschäftspartei hinsichtlich der Kenntnis und vor allem hinsichtlich der Bestimmtheit der Kenntnis der Marktlage zu einer Abweichung nach der für die überlegene Partei günstigeren Seite ausschlagen.

Bewertung durch die Börse oft unrichtig ist, d. h. daß der Kurs der Aktien dem wirklichen Werte der betreffenden Unternehmung nicht entspricht[1]).

Will man nun aus allem Vorhergesagten die Schlußfolgerungen ziehen, um aus ihnen Regeln für die Berechnung des Wertes einer industriellen Unternehmung herzuleiten, dann gelangt man zu folgenden Ergebnissen.

Der Wert einer jeden mit Gewinn arbeitenden, industriellen Unternehmung kann nur gefunden werden durch eine Kombination des in ihr angelegten Kapitals mit ihrem Ertrage. Dabei sind alle ihre inneren Verhältnisse und besonders auch das mit der betreffenden Unternehmung verknüpfte Risiko zu berücksichtigen.

Als Wert der betreffenden Unternehmung ist ihr „Marktwert“ zu ermitteln, d. h. derjenige Wert, zu welchem die Unternehmung ein gleicherweise begehrenswertes Kaufobjekt für ihren neuen Erwerber wie ein befriedigendes Verkaufsgeschäft für ihren Veräußerer sein würde.

Der Marktwert, d. h. also der **Tauschwert** *der industriellen Unternehmung liegt in der Mitte zwischen dem reinen Werte aller ihrer Vermögensteile und ihrem kapitalisierten Ertrage.*

---

[1]) Siehe auch *Prion, W.*, „Die Preisbildung an der Wertpapierbörse“, Leipzig 1910, Seite 116 und 117.

„Die Bewertung der Aktien nach dem jeweiligen Erträgnis ihrer Gesellschaften, der Höhe der gezahlten Dividenden, bringt es mit sich, daß die Spekulation eifrigst alles verfolgt, was jetzt oder in Zukunft von irgendwelchem Einfluß auf die wirtschaftlichen Verhältnisse der betreffenden Gesellschaften sein könnte.

Die viel hervorgehobene Tatsache, daß die Börse gleichsam der „Brennpunkt alles kommerziellen Denkens“ ist, insofern als hier die Nachrichten aus aller Welt zusammenlaufen, die Berichte über die verschiedenen Erwerbszweige besprochen werden, die politischen Geschehnisse verfolgt, wirtschaftliche Strömungen beachtet, die Verhältnisse der einzelnen Gesellschaften kontrolliert werden usw.: diese Tatsache, die Herausbildung der sogenannten Börsenmeinung, läßt sich nicht leugnen ...

... Wie die Nachrichten auf das Handeln der Spekulation, der berufsmäßigen wie der Privatspekulation, einwirken und dadurch in der Preisbildung verarbeitet werden, ist schon ausgeführt worden. Daraus geht hervor, daß die Anpassung der Börsenbewegung an die Wirtschaftsentwicklung bzw. die Anpassung der Kurse an den inneren Wert der Aktien, der wieder die finanzielle Entwicklung der einzelnen Gesellschaft zur Grundlage hat, durch eine Reihe von psychologischen, börsen- und geldmarkttechnischen Faktoren je nach Umständen gehemmt, gefördert oder durchkreuzt werden kann. Dadurch entstehen zuweilen recht eigenartige Widersprüche zwischen der tatsächlichen Preisbildung und dem durch die wirtschaftlichen Faktoren bedingten Wert, die um so bemerkenswerter sind, als doch die letzteren den Ausschlag in der Preisbildung dividendentragender Industriepapiere geben sollten.“

Der Ertrag ist zu einem Zinsfuße zu kapitalisieren, welcher je nach dem Risiko der betreffenden Unternehmung das $1^1/_4$—$1^1/_2$*fache des landesüblichen Zinsfußes beträgt.*

Diese Kapitalisierung des Ertrages mit dem $1^1/_4$—$1^1/_2$fachen des landesüblichen Zinsfußes ist selbstverständlich nur als ein Faktor für die Berechnung anzusehen. Anderenfalls würde man ja einfach nur den *Ertrag* einer industriellen Unternehmung mit dem $1^1/_4$—$1^1/_2$fachen des landesüblichen Zinsfußes zu kapitalisieren haben um deren Wert zu beziffern. Dann würde jedoch das *Vermögen* der Unternehmung, d. h. das in ihr angelegte Kapital keine Berücksichtigung finden, trotzdem es doch ein recht erheblicher Unterschied ist, ob der gleiche Ertrag zur Verzinsung eines kleinen oder eines großen Vermögens dienen muß.

Wenngleich das Endergebnis für die an der Börse gehandelten Industrieaktien sich vor dem Kriege so gestaltete, daß sie im Durchschnitt sich nur mit dem $1^1/_4$—$1^1/_2$fachen des landesüblichen Zinsfußes effektiv verzinsten, so darf doch nicht übersehen werden, daß dieses Endergebnis nur aus der Eigenart des Börsenhandels hervorgegangen ist. Die Spekulation hatte es zuwege gebracht, daß man vor dem Kriege das etwa $1^1/_2$fache des landesüblichen Zinsfußes als die Norm ansehen mußte, zu welcher sich das der industriellen Produktion zugeführte Kapital *mindestens* verzinsen sollte. Eine Folge hiervon war, daß durch die Spekulation alle Kurse langsam so weit in die Höhe getrieben wurden, bis sie im Durchschnitt diese äußerste Grenze tatsächlich erreichten.

Damit ist dann aber auch sehr oft die Grenze überschritten worden, bei welcher sich die durch die Kursbemessung der Börse geschaffene Bewertung einer industriellen Unternehmung und ihr wirklicher Wert noch deckten, und aus diesem Grunde war sehr oft auch der Kursstand der Aktien nicht maßgebend für den wirklichen Wert der betreffenden industriellen Aktienunternehmung.

Setzt man jedoch die vorerwähnte durch die Börsenspekulation geschaffene Norm des etwa $1^1/_2$fachen des landesüblichen Zinsfußes nur als Faktor in die Rechnung ein, dann ergibt sich eine Bewertung der industriellen Unternehmung, welche den tatsächlichen Verhältnissen und den aus diesen zu stellenden Ansprüchen in der Regel entspricht.

Allerdings ist auch dieses Verfahren, wie bereits weiter vorher erwähnt, nicht für *alle* industriellen Unternehmungen anwendbar. Es wird sich jedoch nach dem weiter oben ausgeführten in allen denjenigen Fällen als richtig erweisen, in welchen es sich um eine Unternehmung mit „normaler“ Entwickelung handelt, die ihr „Geschäftskapital“ höher als zu dem landesüblichen Zinsfuße verzinst.

Durch die Kombination des Vermögens mit dem Ertrage der Unternehmung und durch die Wahl des $1^1/_4$—$1^1/_2$fachen des landesüblichen Zinsfußes bei der Kapitalisierung des Reinertrages der Unternehmung ist der auf diese Art gefundene Tauschwert zugleich derjenige Wertbetrag, welcher den Interessen des Veräußerers und des Erwerbers der Unternehmung **gleichmäßig gerecht wird.**

Wie sich diese Berechnung gestaltet und welches Resultat sie ergibt, sei an dem hier folgenden Beispiele, welches einer der Wirklichkeit entnommenen Unternehmung aus der Zeit vor dem Kriege nachgebildet ist, gezeigt und weiter unten näher ausgeführt.

Bei der betreffenden industriellen Unternehmung, einer Maschinenfabrik-Aktiengesellschaft, welche mit einer anderen Unternehmung fusioniert werden soll, betrage das Aktienkapital 1 800 000 M., an Dividenden seien in den letzten drei Jahren je 10 % verteilt worden, der Kursstand der Aktien an der Börse sei zur Zeit der Wertung 185 und der landesübliche Zinsfuß 4 %.

Die letzte *Bilanz* laute in abgerundeten Ziffern wie folgt:

Aktiva.

Grundstückskonto	871000 M.
Gebäudekonto	1044000 „
Maschinenkonto	300000 „
Werkzeugkonto	10000 „
Patentkonto	1 „
Utensilien- und Mobiliarkonto	1 „
Modelle- und Zeichnungenkonto	1 „
Gleisanlagekonto	1 „
Kassakonto	9000 „
Wechselkonto	23000 „
Bankguthaben	32000 „
Debitoren	1136000 „
Warenkonto	540000 „
Summa	3965004 M.

Passiva.

Aktienkapital	1800000 M.
Obligationsanleihe	1000000 „
Hypothekenkonto	420000 „
Kreditoren	455000 „
Reservefonds	80000 „
Gewinn- und Verlustkonto	210004 „
Summa	3965004 M.

Gewinn- und Verlustkonto.

Soll.

Generalunkostenkonto	457000 M.
Abschreibungen	85000 „
Fabrikationsgewinn	210004 „
Summa	752004 M.

Haben.

Vortrag aus dem Vorjahre	2500 M.
Fabrikationsbruttogewinn	749504 „
Summa	752004 M.

Die *Gewinnverteilung* sei wie folgt geschehen:

10% Dividende auf 1800000 M. Aktienkapital	180000 M.
10% Überweisung an den Reservefonds von 210000 M.	21000 „
4% Supertantieme an den Aufsichtsrat von 30000 M.	1200 „
15% an den Vorstand und Beamte von 30000 M.	4500 „
Vortrag auf neue Rechnung	3304 „
Summa	210004 M.

Die fachmännische und die kaufmännische Begutachtung der Unternehmung, welche die Verhältnisse derselben eingehend geprüft hatten, wobei auch die einzelnen Vermögensteile durch hierzu geeignete Sachverständige abgeschätzt worden waren, fanden einen erheblich höheren Vermögensbestand und Reinertrag vor, als aus der vorstehenden Bilanz ersichtlich war.

Bei den vorgenommenen Ermittelungen stellte sich heraus, daß die Unternehmung erhebliche stille Reserven besaß, welche sie sich z. B. auch dadurch geschaffen hatte, daß sie die Lagerbestände in den Bilanzen meistens niedriger bewertete, als ihrem wirklichen Werte entsprach. Auch ergab sich ein günstigerer Ertragskoeffizient, wenn die vorhandenen Betriebsmittel nicht überanstrengt würden.

Der Umsatz hatte in den letzten fünf Jahren folgende Höhen erreicht:

3 480 000 M.
3 550 000 „
3 675 000 „
3 640 000 „
3 760 000 „

Die fachmännische Begutachtung hatte indessen festgestellt, daß die notwendige produktive Leistung bei einer Erhöhung des Umsatzes über 3650000 M. hinaus nur durch eine Überanstrengung der vorhandenen Betriebsmittel möglich wäre, und daß hierdurch die Kosten der Produktion wesentlich erhöht würden. Es müßten Überstunden und Nachtarbeit eingelegt werden, um die Arbeiten für die Herstellung der verkauften Maschinen zu bewältigen, und auch die maschinellen Einrichtungen der Unternehmung litten unter ihrer Überanstrengung.

Außerdem hatte auch die kaufmännische Begutachtung darauf hingewiesen, daß die Erreichung des Umsatzes des letzten Jahres nur durch eine übermäßige Kreditgewährung an die Kundschaft ermöglicht worden wäre, weshalb die Unternehmung auch einen zu hohen Betrag in ausstehenden Forderungen angelegt hätte.

Durch die fachmännische und kaufmännische Begutachtung wurde daher als *Unterlage für die wirtschaftliche Wertung* der Unternehmung und zugleich als den Produktionsmitteln und sonstigen Betriebsmitteln der Unternehmung entsprechend der normale Jahresumsatz auf 3650000 M. beziffert.

Die unbedingt notwendigen Selbstkosten bei Erreichung dieses Jahresumsatzes — mit Ausschluß der Abschreibungen — wurden durch die beiden Begutachtungen auf 3220000 M. berechnet.

Es verblieb somit ein rechnerischer Rohgewinn von 430000 M., aus welchem 125000 M. zu regulären Abschreibungen, 65000 M. zu Rückstellungen zwecks Verstärkung der Betriebsmittel der Unternehmung, 10000 M. zu Tantiemen an Aufsichtsrat, Vorstand und Beamte, und 230000 M. Reinertrag zur Auszahlung als Dividende an die Aktionäre in die Berechnung eingesetzt werden konnten.

Auf Grund der Resultate der fachmännischen und der kaufmännischen Begutachtung der Unternehmung, bei welcher auch die „Wechsel“ und die „Debitoren“ auf ihren wirklichen Wert begutachtet waren, konnte alsdann die folgende Aufstellung gemacht werden:

Vermögen.

Grundstücke	1020000 M.
Gebäude	1012500 „
Maschinen	453000 „
Werkzeuge	48000 „
Patente[1])	54500 „
Utensilien und Mobiliar	36000 „
Modelle und Zeichnungen[2])	66000 „
Gleisanlage	21000 „
Kassa	9000 „
Wechsel	21000 „
Bankguthaben	32000 „
Debitoren	1107000 „
Warenvorräte	590000 „
Summa	4470000 M.

Schulden.

Obligationsanleihe	1000000 M.
Hypotheken	420000 „
Kreditoren	455000 „
Summa	1875000 M.

Ertragskalkulation.

Bruttoertrag.

Verkaufserlös (Jahresumsatz)			3650000 M.
Selbstkosten.			
Material	553600 M.		
Arbeitslöhne	1015800 „		
Generalunkosten	1650600 „		Sa. 3220000 M.
Rohgewinn			430000 M.
Abschreibungen.			
Auf Gebäude 2%	20250 M.		
Auf Maschinen 10%	45300 „		
Auf Werkzeuge 30%	14400 „		
Auf Patente 20%	10900 „		
Auf Utensilien und Mobiliar 25%	9000 „		
Auf Modelle und Zeichnungen $33^1/_3$%	22000 „		
Auf Gleisanlage 15%	3150 „	125000 M.	
Rückstellung zur Stärkung der Betriebsmittel		65000 „	
Tantiemen an Aufsichtsrat, Vorstand und Beamte		10000 „	200000 M.
		Reinertrag	230000 M.

[1]) Der Wert der Patente konnte sicher ermittelt werden, weil die Aktiengesellschaft bei denjenigen der von ihr erzeugten Maschinen, welche mit patentierten Vorrichtungen ausgerüstet waren, in ihre Kalkulation der Verkaufspreise der einzelnen Maschinen stets einen besonderen Betrag „für Patente" eingesetzt hatte. Der Mehrerlös „für Patente" ließ sich also aus dem Jahresumsatze berechnen. Unter Berücksichtigung dieses Mehrerlöses einerseits, sowie der Patentkosten und der noch gültigen Dauer der Patente andererseits, konnte der Wert der Patente wie oben beziffert werden.

[2]) Als Wert der Modelle und Zeichnungen wurden die Herstellungskosten derjenigen Modelle und Zeichnungen abgeschätzt, welche im Falle einer Zerstörung aller vorhandenen Modelle und Zeichnungen, z. B. durch eine Feuersbrunst, unbedingt wieder für die Fortsetzung des Betriebes hätten neu hergestellt werden müssen.

Aus der vorstehenden Aufstellung ergibt sich die *Ermittelung des Wertes* der betreffenden industriellen Unternehmung wie folgt:

Schuldenfreies Vermögen (4470000 M. — 1875000 M.) = 2595000 M.

Reinertrag = 230000 M.

Zinsfuß für die Kapitalisierung des Reinertrages (das $1^1/_2$fache des damals landesüblichen Zinsfußes von 4 %) = 6 %.

Zu 6 % kapitalisierter Reinertrag = 3833333 M.

Tauschwert der industriellen Unternehmung:

2595000 M.
3833333 „
6428333 M., hiervon die Hälfte = 3214167 M.

Da das Aktienkapital der betreffenden Unternehmung 1 800 000 M. betrug, wäre der richtige *Kurswert* der Aktien zu bemessen gewesen auf

$$\frac{3\,214\,167\,.\,100}{1\,800\,000} = 178{,}56.$$

An der Börse wurden indessen die Aktien der Unternehmung, wie schon weiter oben erwähnt, zu 185 notiert, d. h. die Börse hatte den Wert der Unternehmung überschätzt.

Dieser Umstand ist im Hinblick auf das Wesen der Börse durchaus nicht auffällig. Verhältnismäßig selten stimmt der *Kursstand* der Aktien mit dem richtigen *Kurswert* einer industiellen Unternehmung überein, meistens ist er höher oder niedriger.

Es hat dies zunächst darin seinen Grund, daß die Börse als einzige sachliche Unterlagen für ihre Schätzung nur die bereits veröffentlichten Bilanzen und die verteilten Dividenden kennt. In allem übrigen ist sie auf mehr oder minder bestimmte Nachrichten aus den der Unternehmung nahestehenden Kreisen über den Fortgang oder den Rückgang der Unternehmung angewiesen.

Der Außenstehende kann jedoch niemals sicher wissen, wie hoch der Wert derjenigen Vermögensteile ist, welche auf 1 M. abgeschrieben sind. Ebensowenig kann er z. B. den inneren Wert der in der Bilanz angeführten Debitoren beurteilen, und das gleiche ist auch bei den Lagervorräten und anderen Vermögensteilen der Fall. Auch hat der Außenstehende keinen Anhalt für die voraussichtliche Höhe des Ertrages der industriellen Unternehmung in dem jeweilig laufenden Geschäftsjahre.

Er ist daher hinsichtlich des Wertes sowohl der Vermögensteile als auch des Ertrages auf „Schätzungen“ angewiesen, ohne eine sichere Grundlage für diese Schätzungen zu haben.

Zu der Unsicherheit dieser Schätzungen kommen dann noch die Irrtümer der Spekulation hinzu, welche leicht geneigt ist, momentan sichtbar werdende Ereignisse auf dem allgemeinen Markte oder in den inneren Verhältnissen der betreffenden Unternehmung zu überschätzen, dagegen dauernd auf die Fortentwickelung der Unternehmung einwirkende Einflüsse unbeachtet zu lassen.

Aus allen diesen Gründen ist der Kursstand der Aktien einer industriellen Unternehmung an der Börse vornehmlich der jeweiligen Lage auf dem Markte der Industrieaktien angepaßt. In den Zeiten der Hausse, im besonderen bei der gegenwärtigen „Flucht zu den Sachwerten", geht er weit über den wirklichen Kurswert der betreffenden Aktien hinaus und sinkt in den Zeiten der Baisse weit unter denselben. Nur in ruhigen Zeiten pflegt der Kursstand der Industrieaktien ihrem wirklichen Kurswerte annähernd zu entsprechen.

In diesen verschiedenartigen Schätzungen liegt ferner auch der Grund, daß häufig die Aktien von industriellen Unternehmungen, deren aus den Bilanzen ersichtliches Vermögen die *gleiche* Wertziffer erreicht, und welche auch eine *gleiche* Dividende verteilen, dennoch einen ganz verschiedenen Kursstand haben.

Je nachdem die Höhe der *stillen Reserven*, welche sich die betreffenden Unternehmungen durch eine mehr oder weniger vorsichtige Wirtschaftspolitik geschaffen haben, „abgeschätzt" wird, wird auch bei anscheinend gleichwertigen Unternehmungen der Kursstand der Aktien ein verschiedener sein.

Auch andere Momente, welchen man einen wichtigen Einfluß auf den Ertrag der Unternehmung beimißt, sind von Bedeutung für die Bemessung des Kursstandes ihrer Aktien.

In dem vorangeführten Beispiele sind gleichfalls stille Reserven vorhanden, denn dem Aktienkapitale zuzüglich Schulden und offener Reservefonds von insgesamt 3 755 000 M. stehen Vermögensteile von insgesamt 4 470 000 M. gegenüber, während die Bilanz die Aktiven nur mit 3 965 004 M. angibt.

Die Unternehmung hat daher ihr werbendes Kapital auch nur anscheinend mit 10 % verzinst, denn in dieser Höhe ist die Verzinsung (Dividende) nur auf das Aktienkapital von 1 800 000 M. gezahlt worden. Dagegen steht dem ermittelten Reinertrage von

230 000 M. das gesamte in der Unternehmung angelegte Kapital von 2 595 000 M. und nicht nur das nominelle Aktienkapital gegenüber.

Die tatsächliche Rentabilität der Unternehmung war daher auch nicht eine Verzinsung von 10 %, sondern nur eine solche von **8,86** %.

Bei einem Verkaufe der industriellen Unternehmung zu dem ermittelten Tauschwerte derselben von 3 214 167 M. als Kaufpreis würde also der bisherige Eigentümer derselben, d. h. die Gesamtheit ihrer Aktionäre, sein gesamtes in derselben angelegtes Kapital von 2 595 000 M. zurückerhalten und darüber hinaus noch den Betrag von 619 167 M. als Wertzuwachs der Unternehmung, d. h. für die von ihm geschaffene Organisation und günstige Entwickelung der Unternehmung.

Der neue Erwerber der industriellen Unternehmung würde dagegen als Gegenwert für seine Übernahme des mit der Unternehmung verknüpften Risikos den Vorteil erwerben, nunmehr sein in dieselbe eingebrachtes Kapital von 3 214 167 M. in Zukunft mit 7,16 % zu verzinsen, anstatt wie bisher zu dem landesüblichen Zinsfuße mit nur 4 %.

Ergibt sich, wie in dem vorstehenden Beispiele gezeigt, der Wert einer industriellen Unternehmung aus einer Kombination ihres Vermögens und ihres Ertrages, so läßt sich diese Kombination jedoch nur dann vornehmen, wenn Vermögen *und* Ertrag vorhanden sind, d. h. wenn die Unternehmung mit Gewinn arbeitet.

Handelt es sich dagegen um eine mit Verlust arbeitende Unternehmung, so kommen für die Abschätzung ihres Wertes nur noch die einzelnen Vermögensteile in Betracht, im Falle keine Hoffnung mehr besteht, die Unternehmung gewinnbringend umzugestalten. Es würde sich also in einem solchen Falle nur um eine Schätzung des Wertes von Sachgegenständen handeln, bei welcher Schätzung die besonderen Umstände des betreffenden Falles genügend berücksichtigt werden könnten. Mitunter läßt sich jedoch auch eine einwandfreie Schätzung dieser einzelnen Vermögensteile nicht durchführen und trotzdem ein angemessener Wert der Unternehmung ermitteln.

Wie in einem solchen Falle die Wertabschätzung der Unternehmung vorgenommen werden kann, sei an dem hier folgenden Beispiele gezeigt[1]):

Die Unternehmung, die Ursuru-Bahn, ist eine Schmalspurkleinbahn in den Tropen von 27,6 km Bahnlänge. Sie war zu dem Zwecke erbaut, die Produkte einer auf dem Bergplateau gelegenen Plantage zur Küste zu befördern, und diente gleichzeitig dem öffentlichen Verkehr zwischen dem Hafenorte Nogasato und dem Siedelungsorte Ursuru. Dieser war außerdem Bahnstation der staatlichen Kangi-Bahn, an welche die Ursuru-Bahn mit ihrer Endstation Anschluß hatte. Infolgedessen war die Ursuru-Bahn auch Zubringerin für die staatliche Kangi-Bahn, und sie diente ferner dem Post- und Personenverkehr des Gouvernements, das seinen Sitz in Nogasato hatte, jedoch in dem auf dem Bergplateau gelegenen Orte Ursuru einige staatliche Institute unterhielt.

Den *Sachwert* der Ursuru-Bahn für den zurückliegenden 1. August 1914 nachträglich noch richtig festzustellen ist unmöglich, da geeignete Unterlagen, wie Taxen des Bahnkörpers, der Gebäude, des rollenden Materials usw., aus jener Zeit nicht vorliegen und sich auch nicht mehr beschaffen lassen. Wenngleich aus den von der Ursuru-Plantagengesellschaft beigebrachten, glaubhaften Unterlagen sich ersehen läßt, was die Ursuru-Bahn zu jener Zeit an Sachgegenständen besessen hat, so ist doch aus diesen Unterlagen nicht zu ersehen, in welchem Zustande der Abnützung sich die betreffenden Sachgegenstände befunden haben. Daß die Abnützung jedoch eine erhebliche gewesen sein muß, ergibt sich aus verschiedenen Umständen. Die Ursuru-Bahn war bereits eine Reihe von Jahren in Betrieb gewesen, als der Krieg ausbrach. Von der Gesamtlänge von rund 28 km waren rund 20 km bereits von der Vorbesitzerin der Ursuru-Bahn, der Ursuru-Export-Gesellschaft, im Jahre 1905 hergestellt worden. Weitere rund

[1]) Das Beispiel stammt ebenfalls aus der Praxis des Verfassers. Wenngleich in demselben aus Gründen der Diskretion alle Orts- und Firmennamen durch frei erfundene ersetzt und einige Zahlenangaben geändert sind, so sind diese Änderungen dennoch ohne Einfluß auf den Wert des Beispiels, das nur die Methode zeigen soll, wie man auch in einem derartigen Falle zu einer Schätzung des Wertes der Unternehmung gelangt. Es handelte sich bei dem von dem Verfasser geforderten Gutachten um die Ermittelung einer auf den 1. August 1914 zu berechnenden Entschädigungssumme für eine durch den Krieg verlorengegangene Verkehrsunternehmung in den Tropen, die schon vor dem Kriege notleidend gewesen war.

8 km wurden von der Ursuru-Bahn im Juli 1908 in Betrieb gesetzt. Wie sich aus den beigebrachten Unterlagen ergibt, ist während dieser Betriebszeit die Ursuru-Bahn nicht dauernd in tadellosem Zustande erhalten worden, weil ihre Einnahmen hierzu nicht ausreichten. Es wurden nur immer die notwendigsten Ausbesserungen vorgenommen, um die an sich schon ungünstigen Betriebsergebnisse nicht noch mehr zu verschlechtern. So wird z. B. in den Revisionsberichten erwähnt, daß die telegraphischen Apparate schadhaft waren und gänzlich außer Betrieb gesetzt wurden, daß der Oberbau voll Graswuchs war und nur teilweise durchreguliert werden konnte, weil der größte Teil des vorhandenen Materials alt und verbraucht war und ähnliches mehr. Alle Sachgegenstände, und im besonderen bei einer Eisenbahn die Oberbaumaterialien, das rollende Material, die Werkstätteneinrichtungen, die Stationsgebäude mit ihrem Inhalt an Mobiliar und anderes mehr, haben alle nur eine begrenzte Lebensdauer, die durch notwendig werdende Reparaturen und Einfügung einzelner Ersatzteile etwas verlängert, aber nicht endlos erhalten werden kann. Alle Sachgegenstände erleiden also mit dem Fortschreiten der Zeit eine Wertverminderung, die, bei der Bewirtschaftung einer industriellen Unternehmung, durch Abschreibungen vom Neuwerte in solcher Höhe zum Ausdruck gebracht werden muß, daß mit Beendigung der Lebensdauer des einzelnen Sachgegenstandes auch dessen Wert, bis auf den Wert des verbleibenden Altmaterials, vollständig abgeschrieben ist. Die Höhe der Abschreibungen auf die einzelnen Sachgegenstände ist selbstverständlich, entsprechend der verschiedenen Lebensdauer der letzteren, auch verschieden hoch. Für den Ursuru-Bezirk sind die Abschreibungen jedenfalls, wegen der dortigen klimatischen Verhältnisse und im besonderen wegen des schädigenden Einflusses der Regenzeit auf die Lebensdauer aller Sachgegenstände, höher anzusetzen als in der deutschen Heimat. Hierfür spricht auch, daß nicht nur die klimatischen Verhältnisse, sondern auch die örtlichen Verhältnisse wegen des Mangels an fachmännisch ausgebildetem Arbeiterpersonal, nicht immer vorhandener entsprechender Ersatzteile usw., die Unterhaltung der einzelnen Sachgegenstände in einem guten Zustande erschweren und daher ihre Abnützung beschleunigen.

Die längste, *technisch-wirtschaftliche* Lebensdauer, mit welcher man in Deutschland bei Abschätzung von Maschinen usw. rechnet, beträgt durchschnittlich 20 Jahre[1]). Auch bei Kleinbahnen ist der gleiche Satz zutreffend. Im Hinblick auf die ungünstigeren Verhältnisse im Ursuru-Bezirk empfiehlt es sich daher, bei der Ursuru-Bahn mit einer durchschnittlichen Lebensdauer von nur 17 Jahren zu rechnen, welcher technisch-wirtschaftlichen Lebensdauer eine jährliche Abschreibung von 6 % des Neuwertes entsprechen würde.

Von einem *Ertragswerte* der Ursuru-Bahn kann keine Rede sein, aus dem einfachen Grunde, weil die Ursuru-Bahn keinen Ertrag erbracht hat. Wenngleich die Bahn in den letzten beiden Jahren mit einem kleinen Überschuß der Betriebseinnahmen über die Betriebsausgaben rechnen durfte, so war dieser Überschuß doch kein Gewinn, denn es hätten erst aus demselben, ganz abgesehen von etwaigen notwendigen Instandhaltungsarbeiten, die Abschreibungen bzw. Rückstellungen entnommen werden müssen, um die weiter oben angeführte Wertminderung der Bahn infolge ihres Alterns und ihrer Abnützung auszugleichen.

Wie sich aus dem Vorstehenden ergibt, ist eine Bewertung der Ursuru-Bahn weder aus dem „Sachwert“ noch aus dem „Ertragswert“ möglich. Dagegen läßt sich der *Verkaufswert* der Ursuru-Bahn feststellen, wenn man den Wert der Unternehmung vom wirtschaftlichen und kaufmännischen Gesichtspunkte aus ermittelt und die hier folgenden Überlegungen der Feststellung des Wertes der Ursuru-Bahn zugrunde legt.

Die Ursuru-Bahn war von der Ursuru-Plantagen-Gesellschaft nicht zum Zwecke des Betriebes einer Verkehrsunternehmung erworben und weiter ausgebaut worden, sondern zu dem Zwecke, den Abtransport von Edelhölzern, die die Ursuru-Plantagen-Gesellschaft in ihren Waldungen schlug, aus ihrer Niederlassung Ursuru zu bewerkstelligen. Wenn damit gleichzeitig der Nebenzweck verbunden wurde, die Bahn auch dem öffentlichen *Verkehr* dienstbar zu machen, so geschah dies doch nur, um dadurch die Betriebseinnahmen zu erhöhen, was gleichbedeutend mit einer Verminderung der Transportkosten der Hölzer und somit auch einer Erhöhung der Absatzfähigkeit der Hölzer war. An sich wäre es daher für die Ursuru-Plantagen-Gesellschaft ohne nennenswerte Bedeutung gewesen, wenn die Bahn einen Zuschuß erforderte,

[1]) Siehe auch: *Moral, Felix*, „Die Taxation maschineller Anlagen“. 3. Auflage. Berlin 1922.

solange dieser Zuschuß kleiner war als derjenige Betrag, der für den Abtransport der Hölzer hätte aufgewendet werden müssen, im Falle die Ursuru-Bahn nicht existierte. Eine Voraussetzung hierbei war allerdings, daß das Holzgeschäft der Ursuru-Plantagen-Gesellschaft mit den Hölzern aus ihrer Niederlassung Ursuru ein gewinnbringendes war, sodaß es nur darauf angekommen wäre, die Kosten des Abtransportes der Hölzer nach Möglichkeit herabzudrücken. Aber auch das Holzgeschäft der Ursuru-Plantagen-Gesellschaft war notleidend; ob der Grund hierfür eine nur geringe Verwendungsmöglichkeit der Hölzer war oder andere Ursachen vorlagen, kann hier außer Betracht bleiben, weil es sich hier nicht um den Wert des Holzgeschäftes, sondern um den der Ursuru-Bahn handelt. Allerdings gingen beide Unternehmungen Hand in Hand. Wäre das Holzgeschäft gut gegangen, dann hätten sich auch die Kosten des Abtransportes der Hölzer wegen der größeren zum Abtransport kommenden Mengen in steigendem Verhältnis um ein Wesentliches verringert und gleichzeitig der Betriebsüberschuß der Ursuru-Bahn erhöht. Hätte also die Ursuru-Plantagen-Gesellschaft aus der Bewirtschaftung ihrer Niederlassung Ursuru Gewinn erzielt, so hätte sie nicht nur ihre Hölzer billiger abtransportieren können, sondern auch den öffentlichen Verkehr auf der Bahn durch Einlegung weiterer Züge, die wegen der vermehrten zum Abtransport kommenden Mengen Hölzer notwendig geworden wären, heben und dadurch auch die Eisenbahnunternehmung gewinnbringend gestalten können. Nicht unerwähnt darf jedoch der Umstand bleiben, daß die Bahn bei ihrer geringen Länge von noch nicht ganz 28 km kein nennenswertes Gebiet erschloß und daher die ganze Bahnunternehmung, so lange das Holzgeschäft sich nicht entwickeln ließ, lebensunfähig bleiben mußte. Es sei darauf hingewiesen, daß es sich nicht um eine rund 28 km lange Bahnstrecke in gerader Linie handelte, welche immerhin schon nennenswert gewesen wäre, sondern um 28 km Länge einer Gebirgsbahn, die erst in mehrfachen Windungen, und dadurch große Umwege machend, auf die Höhe gelangte. Für den Personenverkehr der Eingeborenen kam daher nicht die Bahnlänge von 28 km, sondern ein erheblich kürzerer Weg in Betracht, der zu Fuß in wenigen Stunden und auch von Trägern mit Lasten in einem knappen Tagesmarsch zurückgelegt werden konnte. Dieser Umstand ist wohl der Hauptgrund dafür, daß sich auch ein nennenswerter Personenverkehr auf der Ursuru-Bahn nicht entwickelt hat, zumal auch die Zugfolge, wöchentlich 3 Züge hin und zurück, nur eine sehr geringe war. Aus der Statistik über den Verkehr der Ursuru-Bahn in den Jahren 1909—1913 ergibt sich, daß durchschnittlich in einem Jahre 521 Weiße und 6127 Farbige befördert wurden. Das Verkehrsgebiet der Bahn ist sehr klein, etwa nur rund 14800 Ha, und bot vor dem Kriege keine Aussicht auf weitere Entwickelung. Das Hauptfrachtgut neben den Hölzern war Reis, von dem ein erhöhter Transport jedoch nicht zu erwarten war. Das öffentliche Interesse an der Ursuru-Bahn bestand hauptsächlich in der Aufrechterhaltung des Personen- und des Postverkehrs. Außerdem lag das Interesse vor, den Betrieb der Ursuru-Bahn wegen der Plantagen auf dem Hochplateau Süd-Kangis und wegen der Kangi-Bahn, für welche die Ursuru-Bahn Zubringerin war, aufrecht zu erhalten.

Wahrnehmer des öffentlichen Interesses ist der Fiskus, neben welchem auch noch die Hypothekengläubiger der Ursuru-Bahn ein Interesse für die Erhaltung der Bahn hatten. Andere Interessenten waren ersichtlich nicht vorhanden, und da sich der Verkaufswert einer jeden Sache durch Angebot und Nachfrage regelt, wäre zu untersuchen, welchen Preis diese Interessenten bestenfalls für die Ursuru-Bahn bezahlt hätten bzw. vom kaufmännischen Standpunkte aus berechtigterweise bezahlen durften.

Keinesfalls ging das Interesse des Fiskus und der Hypothekengläubiger so weit, um einen Kaufpreis für die Ursuru-Bahn zu zahlen, der den Verlust, den die Ursuru-Unternehmung bis dahin der Ursuru-Plantagen-Gesellschaft gebracht hatte, deckte. Ein Verlust lag aber bereits vor, denn die Ursuru-Bahn war schon damals außer ihrer sachlichen Abnützung auch *wirtschaftlich entwertet*, wie jede Unternehmung, die mit Verlust arbeitet.

Der wirtschaftliche Minderwert der Ursuru-Bahn wäre auch schon damals nach außen in die Erscheinung getreten, wenn die Ursuru-Plantagen-Gesellschaft ihre Sanierung vorgenommen, d. h. ihr Gesellschaftskapital durch Zusammenlegung ihrer Anteilscheine usw. herabgesetzt hätte. Es ist also auch der Verlust an der Ursuru-Bahn, den die Ursuru-Plantagen-Gesellschaft durch die wirtschaftliche Entwertung der Bahn erlitt, nicht erst durch den Krieg verursacht worden, sondern er war schon vor dem Kriege vorhanden.

Unter Bezugnahme auf alles Vorhergesagte berechnet sich der Verkaufswert (gemeiner Wert, Marktwert) der Ursuru-Bahn am 1. August 1914 wie folgt:

Nach den eigenen Angaben der Ursuru-Plantagen-Gesellschaft war der seinerzeitige *Neuwert* der Ursuru-Bahn, einschließlich allen Zubehörs, wie rollendes Material, Werkstätteneinrichtung usw., jedoch ohne die Stationsgebäude und kleineren Eisenbahnbetriebsgebäude . . . . M. 1 481 475,—

Der Neuwert der Stationsgebäude usw., welche der Eisenbahn zufallen und zugerechnet werden müssen, sobald dieselbe als selbständige Unternehmung abgelöst und betrieben werden soll, außerdem . . . . M. 21 745,—

Neuwert in Summe	M. 1 503 220,—

Von dieser Summe ist die Abnützung der gesamten Bahnanlage, wie schon weiter vorn erwähnt, mit 6 % je Jahr abzusetzen.

Da am 1. August 1914 19,8 km ein Lebensalter von 9 Jahren und 7,8 km ein Lebensalter von 6 Jahren hatten, berechnet sich die Zeit, während welcher die Abnützung stattgefunden hat, auf

19,8 km	× 9 Jahre	= 178,2	Kilometerjahre
7,8 „	× 6 „	= 46,8	„
	Summe	225,—	Kilometerjahre.

Bei 27,6 km Gesamtbahnlänge beträgt mithin die durchschnittliche Abnützungsdauer je km

225,— : 27,6 = **rund 8 Jahre** (genau 8,15 Jahre).

Es sind also von dem Neuwerte 8 × 6 = 48 % Abnützung abzuschreiben, um den *Buchwert* zu erhalten, mit dem die Bahn in den Büchern der Ursuru-Plantagen-Gesellschaft am 1. August 1914 hätte zu Buch stehen sollen, mithin:

Neuwert	M. 1 481 475,—
48 % Abschreibung	M. 711 108,—
Buchwert	M. 770 367,—

Dieser *Buchwert* war jedoch in Wirklichkeit gegenstandslos, weil kein Käufer vorhanden bzw. gewillt war, die Bahn zu diesem buchmäßigen Preise zu erwerben, der weit über dem wirtschaftlichen Wert der Bahn lag, weil deren Betrieb verlustbringend war. Für einen jeden Erwerber der Bahn kamen in diesem Falle dieselben kaufmännischen Erwägungen in Frage, die sich jedesmal ergeben, wenn eine industrielle Unternehmung, die mit Verlust arbeitet, stillgelegt oder für andere Betriebszwecke verkauft werden soll. Bei dem Ankaufe der Ursuru-Bahn kam für ihren Erwerber die Erwägung hinzu, daß die Bahn in Zukunft eine reine Verkehrsunternehmung sein würde, während sie bei der Ursuru-Plantagen-Gesellschaft den Hauptzweck hatte, die Holztransporte aus deren Wäldern abzubefördern. Es war also noch ein besonderes Risiko für den Erwerber der Ursuru-Bahn vorhanden für den Fall, daß die Ursuru-Plantagen-Gesellschaft auch ihr Holzgeschäft einstellte und infolgedessen die Holztransporte auf der Bahn aufhörten.

Nun lehrt die Erfahrung, daß nicht lebensfähige oder stillgelegte industrielle Unternehmungen jeder Art keinen Käufer finden, der je nach dem Zwecke, den er mit dem Erwerbe der Unternehmung verbindet, mehr als 30 % bis höchstens 45 % ihres Buchwertes bezahlt. Handelt es sich um Immobilien, die zur Subhastation kommen, so pflegt in den meisten Fällen die erste auf dem Grundstücke lastende Hypothek ausgeboten und von dem zweiten Hypothekengläubiger das Grundstück mit einem geringfügigen Mehrbetrage über die erste Hypothek übernommen zu werden.

Mit diesem Falle war unter Umständen auch bei der Ursuru-Bahn zu rechnen, denn die Ursuru-Plantagen-Gesellschaft wäre unvermeidlich gezwungen gewesen, den Konkurs anzumelden, wenn es ihr nicht gelang, für die Ursuru-Bahn einen Käufer zu finden.

Die Ursuru-Bahn war mit vier Hypotheken belastet, die sich in den Händen von nur zwei Hypothekengläubigern befanden. Da die erste Hypothek, in Höhe von M. 300 000, im Besitze der Kolonial-Verkehrsgesellschaft war, ist mit großer Wahrscheinlichkeit anzunehmen, daß diese Gesellschaft ihre Hypothek gegebenenfalls bis zu deren vollen Höhe ausgeboten hätte, weil der Betrieb der Ursuru-Bahn bereits zu ihrem Unternehmungskonzern gehörte. Ob die andere Hypothekengläubigerin, welche die 2., 3. und 4. Hypothek besaß, die Kaffeeplantagen-Gesellschaft Südost, sich an der Subhastation beteiligt hätte, erscheint schon zweifelhafter.

Jedenfalls hätte sie, wenn sie im Interesse ihrer Hypotheken teilnahm, wohl nur wenige tausend Mark mehr geboten, als die erste Hypothek betrug, und wäre in diesem Falle wahrscheinlich Eigentümerin der Ursuru-Bahn geworden. Der Fiskus hätte voraussichtlich erst eingegriffen, wenn bei der Subhastation kein Gebot abgegeben wurde, und hätte alsdann die Ursuru-Bahn für einen ihm angemessen erscheinenden Betrag, der voraussichtlich unter dem Betrage der ersten Hypothek gelegen hätte, erworben.

Daß sich noch andere Käufer für den Ankauf der wirtschaftlich risikoreichen Ursuru-Bahn gefunden hätten, die geneigt gewesen wären, über den erfahrungsmäßigen Preis von 45 % des Buchwertes hinauszugehen, ist nicht anzunehmen. Andererseits ist mit großer Wahrscheinlichkeit anzunehmen, daß mindestens der Betrag der ersten Hypothek für die Ursuru-Bahn bezahlt worden wäre.

Der Verkaufswert der Ursuru-Bahn lag mithin damals zwischen den Grenzen des Betrages der ersten Hypothek in Höhe von M. 300 000 und des Betrages der 45 % von weiter oben errechneten Buchwerten von M. 770 367.

Es betrugen:

1. Hypothek	M.	300 000,—
45 % Buchwert von M. 770 367 . .	„	346 665,—
Summe	M.	646 665,—

Der mittlere Wert dieser Summe, und zwar M. 323 332, oder abgerundet **M. 323 350,—**

war der Verkaufswert (gemeiner Wert, Marktwert) der Ursuru-Bahn am 1. August 1914.

Es ist bereits weiter oben erwähnt, daß man von einem „Marktwerte, d. h. dem Tauschwerte einer industriellen Unternehmung“ nur in demselben Sinne sprechen kann, in welchem man von dem Kurswerte der Aktien einer industriellen Aktienunternehmung spricht, das heißt also von etwas Schwankendem und erst durch Angebot und Nachfrage zu einer bestimmten Ziffer Geformtem.

Es wird also auch der Tauschwert einer industriellen Unternehmung, d. h. der Wert ihrer vielfach verschlungenen und ausgedehnten Gesamtwirtschaft sich niemals in einer Ziffer vollkommen genau ausdrücken lassen. Er wird ebenso wie der Kurs der Aktien durch die Konjunktur auf dem allgemeinen Markte beeinflußt sein und an sich immer nur eine „Schätzung“ bleiben.

Die in den vorangegangenen Ausführungen angegebenen Methoden zur Ermittelung des Tauschwertes von industriellen Unternehmungen führen jedoch zu Resultaten, welche den Anschauungen auf dem allgemeinen Markte der Industrieaktien, d. h. der industriellen Unternehmungen selbst, entsprechen.

Diese Resultate dürften daher als eine zuverlässige Abschätzung des Wertes einer industriellen Unternehmung anzusehen sein.

Ernst Siegfried Mittler und Sohn, Buchdruckerei G. m. b. H., Berlin SW 68, Kochstr. 68–71.

GPSR Compliance

The European Union's (EU) General Product Safety Regulation (GPSR) is a set of rules that requires consumer products to be safe and our obligations to ensure this.

If you have any concerns about our products, you can contact us on ProductSafety@springernature.com

In case Publisher is established outside the EU, the EU authorized representative is:

Springer Nature Customer Service Center GmbH
Europaplatz 3
69115 Heidelberg, Germany

Batch number: 10844655

Printed by Printforce, the Netherlands